Inhoudsopgave

ARRANGEREN
VOOR KOOR EN VOCAL GROUP

Vlaamse editie

Bij *Humm Publishing* verschenen van Tijs Krammer eerder:
Slagtechniek voor koordirigenten
Akkoorden op de piano
Vocale lichte muziek repeteren, deel 1

Bij *Harmonia* verschenen van hem:
Meerstemmig inzingen
Een en al oor
Van blad zingen
Harmonisch inzingen
Ritmische inzingers

humm

Tijs Krammer
Arrangeren voor koor en vocal group – Vlaamse editie
Vierde herziene druk

ISBN 9789083368788
NUR 660

© 2023 Humm Publishing

 **Inleiding**

Arrangeren voor een koor of vocal group houdt in dat je een bestaand nummer bewerkt voor meerstemmige zang. Meestal schrijf je dan drie tot vijf zangpartijen en eventueel komen daarbij nog instrumentale partijen, bijvoorbeeld voor piano of een band.

Waarom zou je zelf een arrangement willen schrijven? Er zijn er immers al zoveel. Een reden kan zijn dat je geen bewerking kunt vinden van een nummer dat je wilt zingen. Het kan ook zijn dat je groep een bezetting heeft die niet gangbaar is, zodat bestaande arrangementen onbruikbaar zijn. Of misschien vind je het belangrijk dat je met je groep een unieke versie van een nummer zingt.

Arrangeren is fascinerend. Toen ik twintig was, zong ik voor het eerst bij een close harmony-groep en werd ik er meteen door gegrepen. Het idee dat je zelf precies kunt bepalen waar alle noten komen te staan! Ik weet nog dat ik me al in de tweede repetitie voornam om zelf iets te gaan schrijven. De keuze van het nummer was snel gemaakt, het werd *Night and day* van Cole Porter. Aan dat eerste arrangement heb ik drie maanden lang elke dag gewerkt. Het was een hersenbreker voor me, maar het moest en zou er komen.

Arrangeren is een heerlijke bezigheid. Het is een aanleiding om je te verdiepen in een nummer dat je bewondert. Het geeft je de mogelijkheid om muzikaal creatief te zijn. En op het moment dat de noten daadwerkelijk gezongen worden, is het helemaal vervullend. Overdag schrijf je koortsachtig aan het stuk en diezelfde avond nog zing je het met je groep. Als het dan goed uitpakt, geeft je dat als arrangeur een ongelooflijke kick.

VOOR WIE IS DIT BOEK?

Dit boek is bedoeld voor personen met een flinke muzikale ervaring. Het is gericht op conservatoriumstudenten en afgestudeerde musici, maar het is ook geschikt voor gevorderde amateurs die niet terugschrikken voor muziektheorie en akkoordenleer. We gaan er hier vanuit je vlot noten kunt lezen, zowel in de g-sleutel als in de f-sleutel. Daarnaast word je geacht piano te kunnen spelen en overweg te kunnen met akkoordsymbolen.

Dit boek helpt je om verder te komen in het schrijven voor stemmen. Misschien heb je nog nooit een arrangement gemaakt en wil je je eerste stappen in die richting zetten. Wellicht heb je al een paar stukken bewerkt, maar heb je de indruk dat het handiger moet kunnen. Of misschien heb je voor instrumenten al het nodige geschreven en ben je op zoek naar meer kennis over stemmen. In al die gevallen kun je uit dit boek inspiratie putten.

OPZET

Dit boek behandelt op elke bladzijde een deelonderwerp van het arrangeren. Daardoor is het te gebruiken als leerboek, maar ook als naslagwerk. Je kunt het van voor naar achter doornemen en alle stof tot je nemen. Of je kunt alleen de muziekvoorbeelden op de piano doorspelen om inspiratie op te doen. Je kunt ook specifieke onderwerpen erbij pakken op het moment dat je vastloopt bij het schrijven van een arrangement.

Dit boek is niet een laagdrempelige methode die je bij de hand neemt voor het maken van je eerste arrangeer-stapjes. In plaats daarvan komen allerlei onderwerpen op een gestructureerde wijze aan bod. Het inpassen van alle informatie in wat je al beheerst, is iets dat je zelf moet doen.

Om goed te arrangeren moet je beschikken over flink wat theoretische kennis, maar ook over vaardigheden. Die ontwikkel je door regelmatig te oefenen. De beste manier van studeren, is dus op een actieve manier. Speel de muziekvoorbeelden op de piano en zing de vocale partijen. Bedenk zelf concrete oefeningen en verbind de stof met de arrangementen die je aan het schrijven bent.

VOORBEELDEN

De muziekvoorbeelden zijn gebaseerd op bekende nummers van George Gershwin en The Beatles, in de hoop dat die bekend zijn voor de lezer. Je kunt een arrangement immers pas doorgronden als je het kunt vergelijken met het origineel. Van Gershwin zijn stukken gekozen zoals *Summertime, I got rhythm, Embraceable you, They can't take that away from me* en *A foggy day*, en van The Beatles nummers zoals *Yesterday, Let it be, Penny Lane, She's leaving home* en *Lady Madonna*.

In de muziekvoorbeelden ligt de nadruk dus op de jazz en de pop. Daarmee is er minder aandacht voor andere muziekstijlen, zoals gospel, musical en wereldmuziek. De principes van het arrangeren gaan echter net zo goed op voor andere genres. Er is geprobeerd dit boek ook boeiend te maken voor arrangeurs die in eerste instantie interesse hebben voor een andere stijl.

In dit boek staan geen hele arrangementen. De meeste muziekvoorbeelden bestaan slechts uit een paar maten en geven een korte illustratie van een begrip of een arrangeertechniek. Soms breken de fragmenten bovendien af op onlogische plekken midden in een maat. Er is dan geprobeerd om de ruimte binnen dat ene systeem zo efficiënt mogelijk te benutten.

De muziekvoorbeelden zijn hoofdzakelijk voor gemengd koor, omdat dat de meest voorkomende bezetting is en omdat schrijven daarvoor relatief eenvoudig is. De lessen uit dit boek zijn echter evengoed van toepassing op andere bezettingen.

BELUISTEREN

De muziekvoorbeelden in dit boek kun je het beste bestuderen door ze op de piano te spelen. Maar als je niet zo vaardig bent op de piano, kun je ook opnames van de muziekvoorbeelden beluisteren. Op de site *www.hummpublishing.nl/audio* vind je van elk muziekfragment een mp3-bestand. Inloggen is niet nodig. Kies als taal Nederlands, klik op het juiste boek en de betreffende bladzijde en klik dan op het fragment dat je wilt beluisteren.

MUZIEKTERMEN

De lichte muziek is doordrongen van Engelse termen: jazz, swing, band, groove, enzovoort. Toch staan er in dit boek zoveel mogelijk Nederlandse termen, om de eenvoudige reden dat dit een Nederlandstalig boek is. We spreken hier over melodie in plaats van lead, ongelijke achtsten in plaats van uneven eighths, lopende bas in plaats van walking bass en blokakkoorden in plaats van block chords. Maar aan de andere kant zijn er geen geforceerde vertalingen gemaakt van woorden die je normaliter in het Engels gebruikt. We gebruiken in dit boek bijvoorbeeld niet de termen wegsterven en jazz wals, maar in plaats daarvan fade-out en jazz waltz.

VOLGORDE BIJ HET ARRANGEREN

Zoals gezegd legt dit boek niet uit hoe je stap voor stap een arrangement moet schrijven, omdat daarvoor geen vast stappenplan bestaat.

Arrangeren is wat dat betreft vergelijkbaar met het maken van een portret. Een onervaren tekenaar begint bijvoorbeeld bij een oog en gaat daarna naar het andere. Iemand met meer ervaring maakt eerst een globale vlakvulling om de proporties van het gezicht goed te krijgen en werkt daarna pas de verschillende elementen uit. Een tekenaar met echt veel ervaring kan overal starten. Zo'n persoon begint misschien met een inspirerend detail, met de lichtval of met een kleurschakering en kan erop vertrouwen dat de proporties toch wel goed komen.

Iets soortgelijks geldt voor het arrangeren. Een onervaren arrangeur schrijft wellicht eerst een stukje van de melodie uit – in dezelfde toonsoort als het origineel – en vult daarna maat voor maat de andere stemmen in. Iemand met meer ervaring kiest bewust voor een bepaalde toonsoort en een bepaalde opzet en probeert afwisseling te creëren, maar is nog wel aan het stoeien met het materiaal. Een doorgewinterde arrangeur is vooral bezig met muzikale expressie.

Maar waar moet je dan beginnen als je nog nooit iets geschreven hebt? Om de onervaren arrangeur te helpen, staat hieronder hoe je in tien eenvoudige stappen een arrangement kunt opzetten. Bij elke stap staat waar je in dit boek meer informatie over het onderwerp vindt.

EEN ARRANGEMENT OPZETTEN IN TIEN STAPPEN

❶ Bepaal de bezetting
Bedenk of je schrijft voor vrouwen, mannen of een combinatie daarvan, en om hoeveel zangpartijen het gaat. Kies of het arrangement a capella wordt of met begeleiding.
→ Zie hoofdstuk 1 (*Stemsoorten en bezettingen*)

❷ Bepaal de structuur van het arrangement
Bedenk of je alle zangers dezelfde tekst geeft (en dat ze dus samen akkoorden maken) of de melodie door één stemgroep laat zingen (en dat de overige stemmen dus begeleiding hebben). Bepaal of je een aparte baslijn gaat schrijven.
→ Zie hoofdstuk 5 (*Arrangeren in lagen*)

❸ Bepaal in welke partij de melodie komt

Als je alle stemmen dezelfde tekst geeft, schrijf je de melodie meestal bovenin. In het andere geval kun je de melodie ook in één van de lagere stemmen leggen.

→ Zie hoofdstuk 5 (*Arrangeren in lagen*) en pagina 19 (*De melodie*)

❹ Bepaal hoe hoog de melodie komt te liggen

Als je de melodie door een vrouwenstem laat zingen, leg hem dan niet te hoog, want dat geeft een klank die niet goed past in de lichte muziek. Als die voor een mannenstem is, kun je hem juist wel hoog leggen, want dan is hij goed te horen.

→ Zie hoofdstuk 1 (*Stemsoorten en bezettingen*)

❺ Schrijf de melodie uit

Leg de toonsoort vast, uitgaande van de ligging van de melodie. Bepaal wat de maatsoort van het arrangement wordt. Noteer de melodie en besteed daarbij veel aandacht aan de juiste ritmes.

→ Zie hoofdstuk 2 (*Ritme*)

❻ Achterhaal de akkoorden

Neem de akkoorden over uit een songbook of een real book, of haal ze van internet. Als je ze nergens kunt vinden, moet je ze zelf uitschrijven. Zet de akkoorden om naar de juiste toonsoort.

→ Zie hoofdstuk 3 (*Akkoordsymbolen*)

❼ Schrijf de bas

Als het arrangement a capella wordt, schrijf dan de onderste stem. Als er ook begeleiding in komt, noteer dan de instrumentale bas. Hou de bas eenvoudig. Laat je leiden door de harmonieën en niet door melodische ingevingen. Zorg ervoor dat de melodie en de bas samen prettig klinken en al enigszins compleet.

→ Zie hoofdstuk 6 (*De begeleidende stemmen en de basstem*)

❽ Schrijf de overige stemmen

Als de overgebleven stemmen samen met de melodie akkoorden maken, kun je volstaan met het invullen van de harmonieën. Als ze een vorm van begeleiding zingen, vergt deze stap de nodige creativiteit. Schrijf ze dan zo dat ze melodie niet in de weg zitten, maar er toch een goede aanvulling op vormen.

→ Zie hoofdstuk 4 (*Harmonie schrijven*) en hoofdstuk 6 (*De begeleidende stemmen*)

❾ Maak een goede opbouw

Zorg voor voldoende afwisseling. Geef bijvoorbeeld elk couplet iets eigens en creëer een goede spanningsboog. Schrijf een toepasselijk intro en een pakkend einde.

→ Zie hoofdstuk 7 (*De opbouw van een arrangement*)

❿ Werk het arrangement goed leesbaar uit

Gebruik een goed muzieknotatiepakket om de partituur vorm te geven. Hou je zoveel mogelijk aan de conventies van de muzieknotatie, zodat de partituur voor zangers begrijpelijk is.

→ Zie hoofdstuk 8 (*Notatie*)

EEN VOORBEELD

Hieronder staat hoe de tien stappen in de praktijk kunnen verlopen. Stel dat je *Yesterday* van The Beatles wilt bewerken voor je eigen groep, een a capella gemengd kwartet. Laten we aannemen dat de alt de solo wil zingen. Het arrangeren zou dan als volgt kunnen gaan:

❶ Bepaal de bezetting

Je schrijft voor de vaste bezetting van je vocal group, SATB a capella.

❷ Bepaal de structuur van het arrangement

De alt wil de solo zingen. De andere stemmen krijgen dus een soort begeleiding. Omdat je voor het eerst iets arrangeert, kies je ervoor om geen aparte baslijn te schrijven, maar sopraan, tenor en bas samen akkoorden te laten zingen.

❸ Bepaal in welke partij de melodie komt

Zoals gezegd wordt de solo voor de alt.

❹ Bepaal hoe hoog de melodie komt te liggen

De bladmuziek van *Yesterday* haal je uit een *songbook* van The Beatles. De melodie staat daarin als volgt:

In deze toonsoort ligt de melodie veel te hoog voor een alt. Je speelt hem een stuk lager, in do groot. De melodie loopt dan in de hoogte tot een *do* en dat lijkt je nog steeds aan de hoge kant, althans voor een solo in een *ballad*. Je speelt de melodie nog lager, in sol groot. Maar dan zit er een lage *mi* in en dat is weer te laag. De toonsoort moet dus ergens tussen sol groot en do groot liggen. Je kiest voor si mol groot. Die toonsoort – twee mollen – is niet al te moeilijk. Je onthoudt dat je het arrangement altijd nog een secunde lager kunt zetten, mocht dat later nodig blijken.

❺ Schrijf de melodie uit

Je zet de melodie om naar si mol groot:

Het valt je op dat de ritmes in het songbook niet zijn zoals je ze gewend bent. Je wil de laatste lettergreep van het woord *yesterday* eerder zingen en de tweede lettergreep van *troubles* ook. Die noten moet je dus als syncopen schrijven. Na enig puzzelen, kom je uit op de volgende ritmes:

❻ Achterhaal de akkoorden

In het songbook staan de akkoorden in fa groot:

    F   Em^7 A^7 Dm

Je transponeert ze naar si mol groot, door ze een kwint omlaag te zetten:

    Bb   Am^7 D^7 Gm

Je speelt de nieuwe harmonieën op de piano en zingt daarbij de melodie. In jouw oren lijken ze juist te zijn.

❼ Schrijf de bas

Je luistert een paar keer naar de baspartij van het origineel. Je schrijft die noten uit in de toonsoort si mol groot, rekening houdend met het bereik van de basstem:

Je speelt de melodie en de bas samen een paar keer op de piano. Die combinatie klinkt al behoorlijk goed, afgezien van de eerste maat. Je beseft echter dat de melodie begint op de toon direct boven de grondtoon en dat de stemmen daar dus een dissonant vormen. Hopelijk klinkt dat moment mooier in combinatie met sopraan en tenor.

❽ Schrijf de overige stemmen

Je schrijft de sopraan en de tenor uit. In de eerste maat zoek je een ligging van het akkoord B♭ die de dissonant tussen de melodie en de bas verzacht. Je probeert wat liggingen uit op de piano en je kiest de ligging waarin de terts *re* bovenin ligt. Bij het schrijven van de tweede maat ontdek je hoe lastig het is om te schrijven voor vier stemmen a capella. De akkoorden Am⁷ en D⁷ zijn beide vierklanken en je hebt maar drie begeleidende stemmen. Na wat proberen op de piano besluit je om van het akkoord Am⁷ de terts *do* weg te laten. Voor het akkoord D⁷ heb je een manier bedacht om toch alle vier de tonen te laten klinken. Je laat de tenor eerst de kwint *la* zingen en daarna de septiem *do*. De eerste maten van je arrangement zijn af en je bent er trots op. Je hebt de indruk dat ze mooi klinken, maar zeker weten doe je het niet, want je bent niet meer in staat om alle stemmen samen op de piano te spelen:

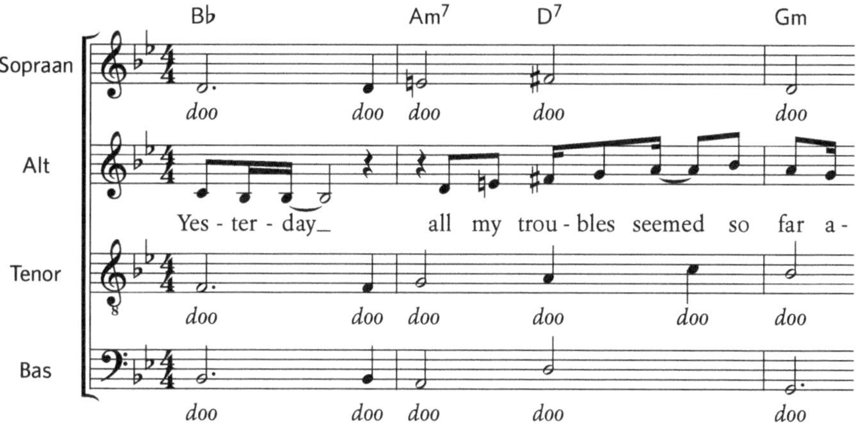

❾ Geef het arrangement een goede opbouw

De rest van het nummer doe je op dezelfde manier. Je vindt de opbouw van het origineel goed, dus die houd je aan. Het slot neem je over. In de laatste twee maten laat je alle stemmen zingen op *mm*:

⑩ Werk het arrangement goed leesbaar uit

Je zet het arrangement in de computer met behulp van een notatiepakket. Er gaat
uren werk in zitten, maar uiteindelijk ziet de partituur er mooi uit. En passant kom je
erachter dat je de ingevoerde noten ook kunt afspelen, zodat je nu je arrangement kunt
beluisteren.

Stemsoorten en bezettingen

Het is gebruikelijk om vrouwenstemmen in te delen in sopranen en alten. Een stem die daar tussenin ligt, is een mezzosopraan. Bij mannenstemmen onderscheidt men tenoren en bassen. Een stem daartussen is een bariton.

De termen mezzosopraan en bariton kom je niet tegen in arrangementen uit de vs en Engeland. Als er in een partituur drie vrouwenstemmen staan, is het gebruikelijk om die aan te duiden met sopraan 1, sopraan 2 en alt. De partij van sopraan 2 ligt dan meestal iets lager dan die van SOPRAAN 1 en is dus eigenlijk voor mezzosopraan:

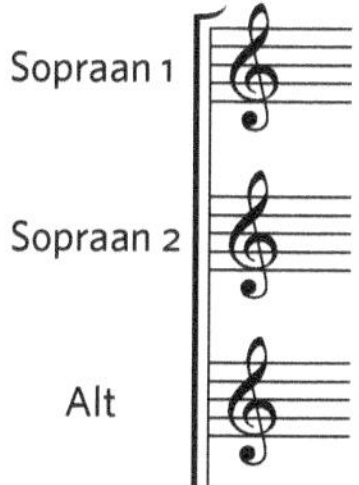

Als er drie mannenstemmen staan, geef je die over het algemeen aan met tenor 1, tenor 2 en bas, of met tenor, bas 1 en bas 2. De middelste partij is dan eigenlijk voor bariton:

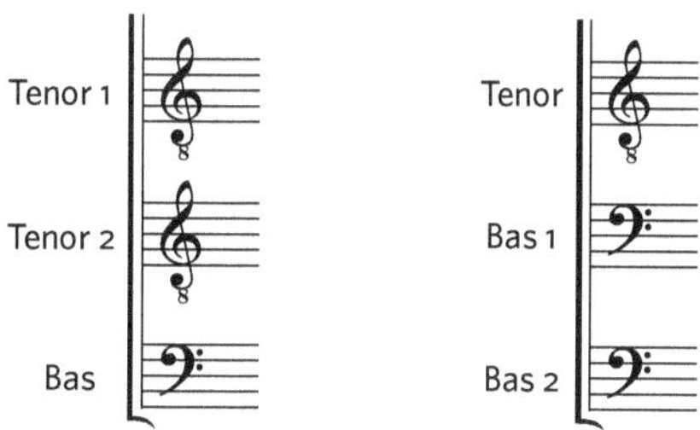

Sleutels

De sopraan en de alt schrijf je in een sol-sleutel, en de bas in een fa-sleutel. De tenor noteer je in een minder gebruikelijke octaverende sol-sleutel:

Het kleine achtje geeft aan dat je de noten een octaaf lager zingt dan in een gewone sol-sleutel. In het volgende fragment van *A foggy day* van Gershwin is de octaverende sleutel gebruikt. De tenor ligt dus steeds onder de vrouwenstemmen. Op de tekst *London* zingen de tenor en de bas een *sol* in hetzelfde octaaf:

De tenor en de bas kun je ook samen noteren op één balk. Je gebruikt dan de fa-sleutel:

Het bereik van de stemmen

Het bereik van de stemsoorten is min of meer als volgt:

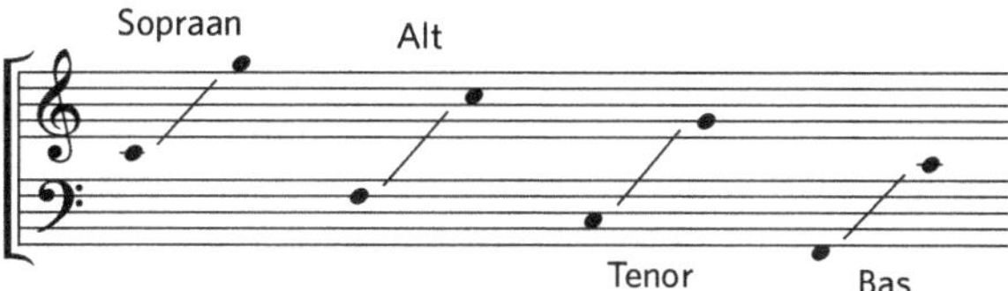

Elk van de stemsoorten omspant ongeveer anderhalf octaaf. De sopraan en tenor liggen een octaaf uit elkaar en de alt en bas ook.

Bij het arrangeren kun je het bovenstaande als richtlijn nemen. Maar welke noten je daadwerkelijk kunt schrijven is afhankelijk van allerlei factoren. De meeste zangers kunnen hun hoogste noten alleen luid zingen en hun laagste alleen zacht. De bovenkant van het bereik is vermoeiend om te zingen. De hoogte heeft bovendien invloed op de intonatie en de klankkleur. De meeste zangers intoneren in het midden van hun bereik het beste en kunnen daar ook het gemakkelijkst de kleur afstemmen.

De grootte van het bereik van individuele zangers loopt sterk uiteen. De ene zanger heeft net anderhalf octaaf, de andere zingt er moeiteloos tweeënhalf. Er zijn tal van sopranen die met gemak een altpartij kunnen zingen en andersom. Maar er zijn ook vrouwen voor wie een sopraanpartij eigenlijk te hoog ligt en een altpartij te laag.

Meer genuanceerd ziet het bereik van de stemsoorten er dus als volgt uit:

Als je de zangers kent voor wie je arrangeert, kun je rekening houden met individuele kwaliteiten en beperkingen. Maar als je schrijft voor een k-oor dat je minder goed kent, moet je uitgaan van een gemiddeld bereik.

Bezettingen

De klassieke bezetting voor koor is vierstemmig: sopraan, alt, tenor en bas. Maar die is lang niet altijd de meest geschikte in de lichte muziek.

In een arrangement met begeleiding heb je soms voldoende aan drie stemmen. De baslijn wordt gespeeld op een instrument, dus daar is geen stem voor nodig. Vocal groups die met combo of met band zingen, hebben meestal drie stemmen (zoals The Andrew Sisters en Lambert, Hendricks & Ross) of vier (zoals The Hi-lo's, The Manhattan Transfer en The New York Voices).

Voor een a capella-arrangement heb je minstens vier, maar liever nog vijf stemmen nodig. Dan pas heb je voldoende mogelijkheden om interessante akkoorden te schrijven, een volle sound te maken en variatie te creëren. Professionele a capella-vocal groups bestaan dan ook vaak uit vijf zangers (zoals The Real Group) of zelfs zes (zoals Take 6 en Rajaton).

De meest voorkomende bezettingen in de lichte muziek zijn:

		Gemengd	Vrouwen	Mannen
Met begeleiding	Driestemmig	SAB	SSA	TTB
	Vierstemmig	SATB	SSAA	TTBB
A capella	Vierstemmig	SATB	SSAA	TTBB
	Vijfstemmig	SSATB of SATTB		
	Zesstemmig	SSATTB		

MET BEGELEIDING OF A CAPELLA

Zingen met begeleiding is gemakkelijker dan zonder. De instrumenten helpen bij het houden van het tempo en geven steun in de harmonieën. De zangers kunnen dus een beetje leunen op de begeleiding. Bovendien hoeven ze geen beginnoten over te nemen van de dirigent, omdat die nummers vaak beginnen met een instrumentaal intro.

Om goed a capella te zingen, moeten zangers zeker zijn van hun noten en het tempo goed stabiel kunnen houden. Verder moeten ze goed intoneren, zodat ze niet al te veel zakken. Zingen zonder begeleiding vergt dus meer van de zangers. Maar toch heeft het een grote aantrekkingskracht, want het is zeer expressief. Het is alsof meerstemmige zang het publiek directer in het hart raakt als er geen instrumenten meespelen.

VOCAL GROUP

Een vocaal werk kun je uitvoeren met een koor, maar ook met een vocal group, waarbij elke zanger een eigen partij heeft. Voor het schrijven van een arrangement maakt het over het algemeen niet uit of het voor koor of vocal group is.

De melodie

Een veelgemaakte vergissing van beginnende arrangeurs is te denken dat de melodie altijd in de bovenste stem moet liggen, omdat die anders niet goed hoorbaar is. Maar je kunt die wel degelijk ergens anders schrijven, zolang je de andere stemmen maar zachte begeleidende klanken geeft. Hier is als voorbeeld een fragment van *Embraceable you* van Gershwin:

In de lichte muziek lenen vooral alt en tenor zich goed voor de melodie. De alt kan er veel warmte in leggen en de tenor kan hem krachtig laten klinken.

LIGGING

Als je de melodie schrijft in een vrouwenstem, leg die dan niet te hoog. In de sopraan werkt het goed als het gros van de noten valt tussen do^1 en do^2, en in de alt tussen la en la^1:

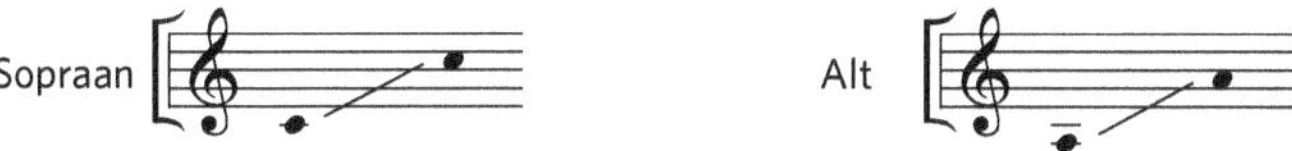

Een melodie in een mannenstem kun je daarentegen juist het beste hoog in het bereik schrijven. In een lage ligging klinkt hij vaak te zacht en dof. Voor de tenor is een geschikt bereik tussen fa en fa^1, en voor de bas tussen re en re^1:

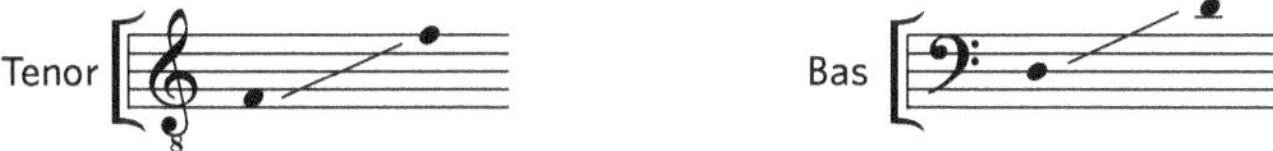

SOLOSTEM

In een arrangement kun je de melodie schrijven voor een bepaalde stemgroep, maar ook voor een solostem. In het laatste geval staat de solist op de voorgrond. Het nummer wint daarmee aan persoonlijke uitdrukkingskracht en het contrast tussen solostem en koor brengt variatie in het arrangement. Bedenk echter wel dat als de solist niet sterk is, het nummer als geheel tegen zal vallen, hoe goed het koor ook zingt.

Eén partij voor alle mannen

De meest gebruikte koorbezetting is SATB. Daarvoor zijn evenveel vrouwen als mannen nodig. Maar in de praktijk hebben gemengde koren vaak een tekort aan mannenstemmen. In zo'n geval kun je alle mannen samennemen in één stemgroep, waardoor ze (min of meer) een baritonstemgroep vormen. De totale bezetting wordt dan SAB of SSAB, waarin B staat voor bariton. Op deze manier klinken de stemgroepen beter in balans en hebben alle zangers een even grote uitdaging.

Een bestaand arrangement voor SATB kun je zonder al te veel moeite omzetten naar SSAB. Je legt dan het geheel iets hoger en je herverdeelt de stemmen. Stel, je gaat uit van het volgende arrangement van *Eleanor Rigby* van The Beatles voor SATB:

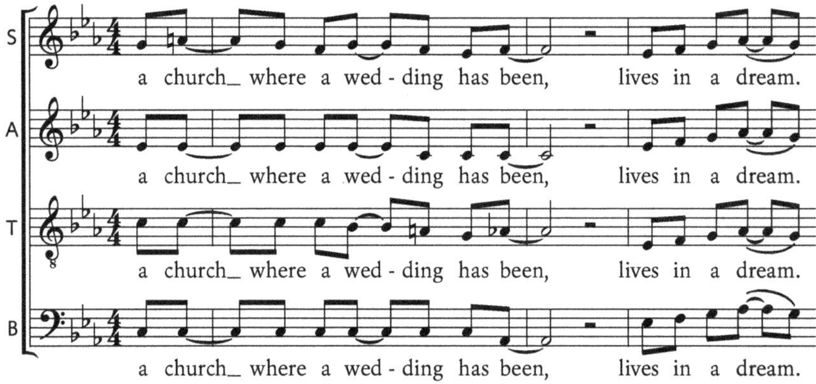

Als je deze noten met SSAB wilt zingen, zet je ze iets hoger (in dit geval is er gekozen voor een hele secunde). Vervolgens wijs je de partijen opnieuw toe aan de stemgroepen:

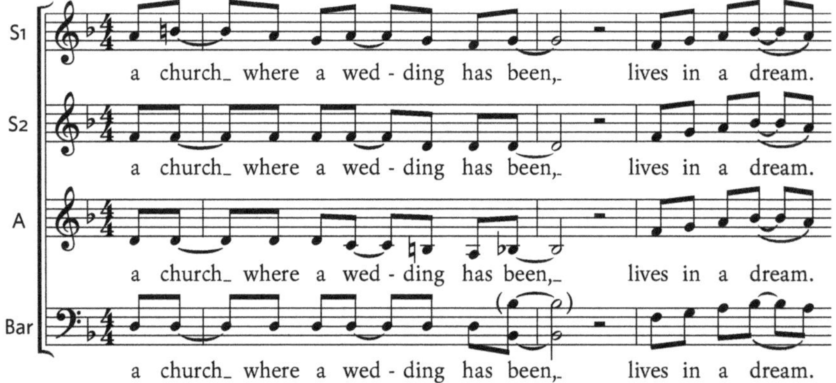

Merk op dat er nog een paar aanvullende kleine aanpassingen zijn gedaan. In de bariton staat een lage *si mol*, maar omdat sommige tenoren daar wellicht niet bij kunnen, is er als alternatief een hoge *si mol* geschreven. Op de tekst *lives in a dream* zingen alle stemmen unisono. De alt zingt daar vanzelfsprekend niet in het lage bereik mee met de mannen, maar met de andere vrouwen. Op die manier komen zij ook eens toe aan hun hoge noten.

Hoofdstuk 2
Ritme

Dit hoofdstuk behandelt de maatsoorten die het meest voorkomen in de lichte muziek. Daarnaast komen twee fundamentele muzikale begrippen aan bod die daarmee nauw samenhangen, namelijk de backbeat en swing feel.

Bij het arrangeren is het van belang om de juiste maatsoort te kiezen, omdat het de feel van het nummer aangeeft. Bijvoorbeeld, als het logisch voelt om een nummer in vieren te tellen, is over het algemeen een vierkwartsmaat de meest correcte maatsoort. Als je een onlogische maatsoort kiest, bestaat het gevaar dat de zangers het ritmische karakter van het arrangement verkeerd interpreteren.

Het basisidee van swing feel

Een opvallend kenmerk van jazz – en van veel andere lichte muziek – is swing feel. Omdat een goed begrip daarvan voor een arrangeur essentieel is, wordt het hier vanaf de basis uitgelegd.

Zing eens het kinderliedje *Er zaten zeven kikkertjes*:

De noten zoals ze hier staan zien er goed uit. En toch klopt er iets niet. De gebruikelijke manier van zingen is namelijk met triolen:

Je maakt in elke tel de eerste achtste twee keer zo lang als de tweede. Deze manier van uitvoeren noemt men swing feel. En daarnaast zijn er allerlei termen die hetzelfde aanduiden: uneven eighths (ongelijke achtsten in het Nederlands), triplet eighths, triplet feel, shuffle, swing eighths of kortweg swing.

Swing feel kun je noteren door over elke kwart een triool te zetten, zoals hierboven is gedaan. Maar de bladmuziek ziet er dan onoverzichtelijk uit. Daarom is er afgesproken dat je gewoon de aanduiding 'swing feel' (of een van de synoniemen) vooraan de partituur zet. Je geeft daarmee aan dat elke tel onderverdeeld moet worden in een lange en een korte achtste:

ZESACHTSTEMAAT

Swing feel kun je ook uitschrijven in een zesachtstemaat of in een twaalfachtstemaat:

Het voordeel hiervan is dat de lezer het begrip swing feel niet hoeft te kennen. Nadeel is echter dat de partituur er onnodig ingewikkeld uitziet en dat je niet meer gemakkelijk kunt zien waar de tellen zitten.

Swing feel in de praktijk

In de jazz hebben bijna alle stukken swing feel:

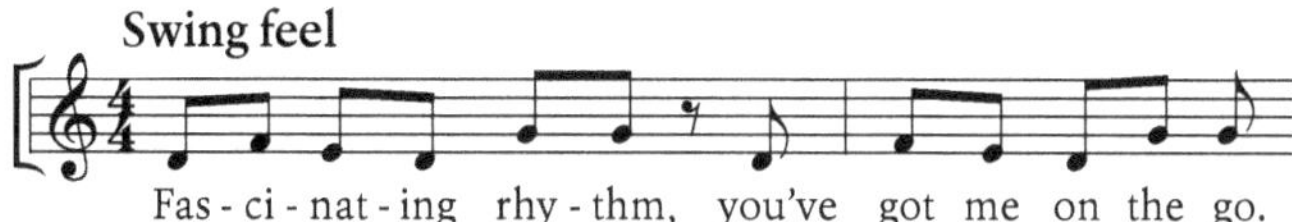

In andere muziekstijlen – zoals pop, gospel en musical – komt die manier van uitvoeren ook regelmatig voor, al zal je daar eerder de term uneven eighths of shuffle tegenkomen:

TRIOLEN

Zoals gezegd hoef je – als je de aanduiding 'swing feel' vooraan de muziek zet – niet langer triolen te schrijven over alle achtste noten. Maar ook in dat geval heb je voor sommige ritmes alsnog een triool nodig. Neem het volgende fragment van *They can't take that away from me* van Gershwin:

In de versie hieronder staat 'swing feel' bij de noten en daardoor zijn drie van de vier triolen verdwenen. Maar in de tweede tel staan drie achtste noten in plaats van twee. Daarvoor is er alsnog een triool nodig:

VERHOUDING

In een nummer met swing feel maak je achtste noten ongelijk van lengte. Bij benadering wordt in elke tel de eerste achtste twee keer zo lang als de tweede. Maar de precieze verhouding is afhankelijk van het tempo van het nummer, van de stijl en van de individuele muzikant. In ballads is de lange achtste min of meer twee keer zo lang als de korte, maar in snelle nummers is het verschil in lengte minder uitgesproken. Dit is nog een reden waarom de aanduiding swing feel zo waardevol is: je legt de manier van uitvoeren niet exact vast, maar laat die over aan de muzikanten.

De vierkwartsmaat en de backbeat

De maatsoort die in de lichte muziek verreweg het meeste voorkomt is de vierkwartsmaat, oftewel 4/4. In de jazz en pop is die nauw verbonden met de zogenaamde backbeat. Dat zijn de accenten die de drummer op de hihat of snare drum speelt op de tweede en vierde tel:

In Nederland noemt men de backbeat vaak afterbeat. Maar omdat men die term in het Engels nauwelijks gebruikt, wordt die in dit boek vermeden.

VERSCHILLENDE TEMPI

De vierkwartsmaat komt voor in zowel snelle als langzame nummers. Hieronder staat als voorbeeld *I got rhythm* van Gershwin, een jazz standard die men meestal snel speelt:

I loves you Porgy van Gershwin is een langzame jazz ballad in 4/4:

BASS DRUM

Een drummer speelt natuurlijk meer dan alleen de backbeat. Naast de hihat en de snare drum is vooral de bass drum van belang. In een vierkwartsmaat liggen de belangrijkste accenten daarvan op of rond de eerste en derde tel. Dat zijn dus juist de andere tellen dan de backbeat:

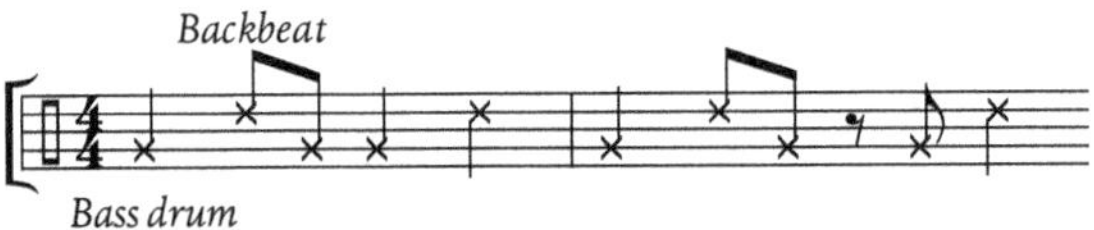

De zesachtstemaat

Een andere belangrijke maatsoort is de zesachtstemaat, oftewel 6/8. Die kom je vaak tegen in de blues:

Daarnaast is die maatsoort typerend voor langzame rocknummers, zoals *I want you (she's so heavy)* van The Beatles:

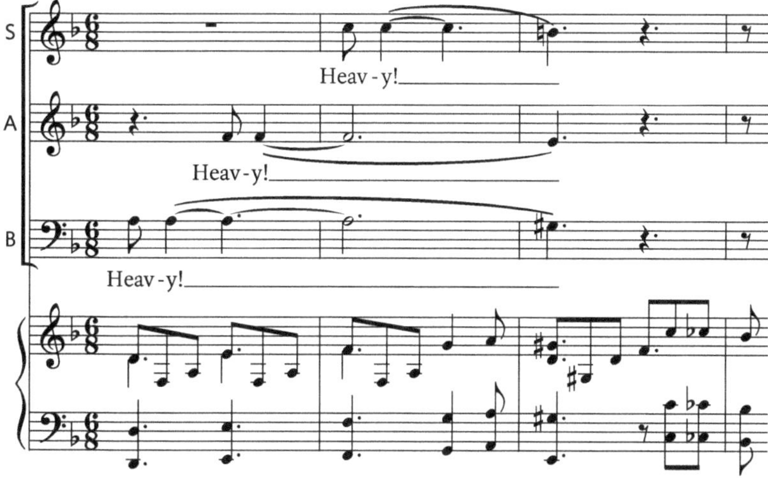

In een zesachtstemaat komt – net als in de vierkwartsmaat – een backbeat voor. Die valt op de vierde achtste, dus halverwege de maat.

TWAALFACHTSTEMAAT

Nummers die in 6/8 staan, kun je ook noteren in 12/8. Die laatste maatsoort lijkt vaak zelfs correcter, omdat er dan in elke maat twee backbeats voorkomen. Er is echter een praktische reden deze maatsoort niet te gebruiken. In twaalfachtste neemt elke maat veel ruimte in, soms past er maar één maat in een systeem, en daardoor wordt de indeling van de partituur inefficiënt en onoverzichtelijk.

De driekwartsmaat

Naast de vierkwartsmaat en de zesachtstemaat komt de driekwartsmaat, oftewel 3/4, regelmatig voor. Het nummer *She's leaving home* van The Beatles bijvoorbeeld staat in die maatsoort:

Het karakter van een nummer in 3/4 is over het algemeen lyrisch en *dansant*.

JAZZ WALTZ

In de jazz speel je een driekwartsmaat vaak met swing feel. Een nummer in zo'n stijl heet een jazz waltz en heeft een heerlijke, zwierige cadans. Hieronder staat een fragment van *Summertime* van Gershwin – een nummer dat oorspronkelijk in 4/4 staat – gearrangeerd als jazz waltz:

De juiste maatsoort kiezen

De maatsoort van een nummer kun je achterhalen door in gedachten het tempo af te tellen
voor een band of een combo. In de meeste gevallen komt de intuïtieve manier van aftellen overeen met de meest geschikte maatsoort.

SWING FEEL EN ZESACHTSTEMAAT

De vierkwartsmaat met swing feel is sterk verwant aan een zesachtstemaat. Neem als voorbeeld
The man I love. Gershwin noteerde dit nummer oorspronkelijk in 4/4:

Je kunt dit fragment ook noteren in vier maten in 6/8:

Welke van deze twee maatsoorten het beste past, is afhankelijk van het tempo en de feel van
het nummer. De vierkwartsmaat past eerder bij snelle stukken en bij jazz, de zesachtstemaat bij
ballads en bij de blues.

DRIEKWARTSMAAT

De driekwartsmaat en de zesachtstemaat zijn ook verwant. Bijvoorbeeld, *She's leaving home*
(zoals die staat op de vorige pagina) kun je in plaats van in 3/4 ook noteren in 6/8:

Om te kiezen tussen deze maatsoorten is de backbeat opnieuw van belang. In een zesachtstemaat past een backbeat, maar in een driekwartsmaat is die meestal afwezig. In dit geval is 3/4 de
meest geschikte maatsoort.

Nauwkeurige ritmes

Wees zorgvuldig in de ritmische notatie van melodieën. In songbooks worden ritmes vaak sterk vereenvoudigd. *Lady Madonna* van The Beatles bijvoorbeeld staat er dan als volgt:

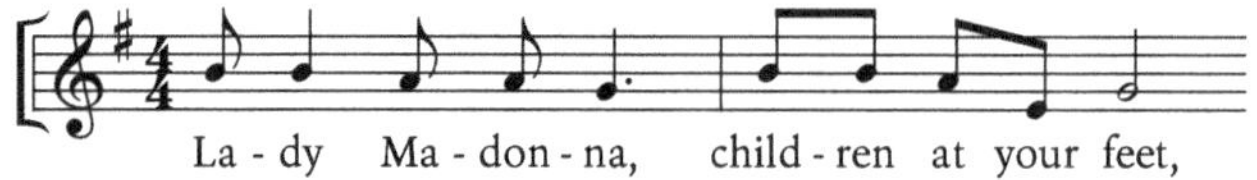

Deze melodie is erg saai en komt niet overeen met het origineel. Neem de noten uit een songbook dus nooit klakkeloos over, maar noteer de ritmes zoals jij vindt dat ze moeten klinken. Een interessante versie van *Lady Madonna* heeft zeker zestiende noten nodig:

ADEMPAUZES

Wees ook zorgvuldig in de notatie van rusten. In songbooks missen melodieën vaak adempauzes. De uitvoerende zanger ademt gewoon waar het nodig is. In een koor streef je er echter naar om samen muzikale zinnen af te sluiten en te ademen. Dat lukt het best als de adempauzes in de partijen zijn aangegeven.

Neem als voorbeeld *They can't take that away from me*. Gershwin noteerde aan het eind van de zinnen hele noten:

Als je deze melodie precies zingt zoals geschreven, mist die levendigheid. Bovendien heb je nauwelijks tijd om te ademen tussen de zinnen. In de praktijk korten de zangers de lange noten dus in. Je doet er dan goed aan om in een koorarrangement aan te geven hoe lang je de noten wilt hebben:

Hoofdstuk 3

Akkoordsymbolen

Als arrangeur moet je goed op de hoogte zijn van de harmonische taal. Daarom gaan we in dit hoofdstuk uitgebreid in op de akkoordsymbolen.

Er bestaat voor het noteren van akkoorden niet één algemeen geaccepteerde methode. Iedere muzikant noteert ze op een net weer andere manier. Over een septiem is men het nog wel eens, iedereen noteert die met 7. Maar een mineurakkoord kun je aangeven met m, min, mi of met een liggend streepje. En ook voor een majeur-septiem bestaan er wel vier gangbare notatiewijzen: maj7, △, m7 en △7. Verder gebruikt de een haakjes in akkoordsymbolen en de ander niet. Zo zijn er talloze verschillen aan te wijzen.

In dit hoofdstuk komen de belangrijkste akkoorden aan bod en daarbij de verschillende manieren van noteren. Elk akkoord is op de volgende manier weergegeven:

Aan de linkerkant staan de akkoordsymbolen. Als eerste staat er de meest gangbare notatie en daaronder eventuele alternatieve schrijfwijzen. In de notenbalk staan vier liggingen die geschikt zijn voor een koor met de bezetting SATB.

Toevoegingen zijn in dit boek hoog genoteerd, zodat de akkoordsymbolen goed leesbaar zijn. In dit hoofdstuk hebben alle akkoorden voor het gemak *sol* als grondtoon.

Akkoorden worden in dit boek geschreven volgens de methode die in de Engelssprekende landen wordt gehanteerd. In Vlaanderen wordt de noot g aangeduid met *sol*. Het akkoord G^maj7 zou je dus kunnen schrijven als Sol^maj7. Maar in songbooks en op internet wordt de internationale methode meestal gebruikt, en dus is het handig om die je eigen te maken.

Drieklanken

Een drieklank bestaat uit een grondtoon, een terts en een kwint. De meest eenvoudige akkoorden zijn de majeur- en mineurdrieklank. Een majeurdrieklank heeft een grote terts en een gewone (reine) kwint. Zo'n akkoord duid je aan met een hoofdletter. Een mineurdrieklank heeft ook een gewone kwint, maar een kleine terts. De meeste muzikanten geven zo'n samenklank aan met een hoofdletter plus de letter m, maar er bestaan ook andere manieren van noteren:

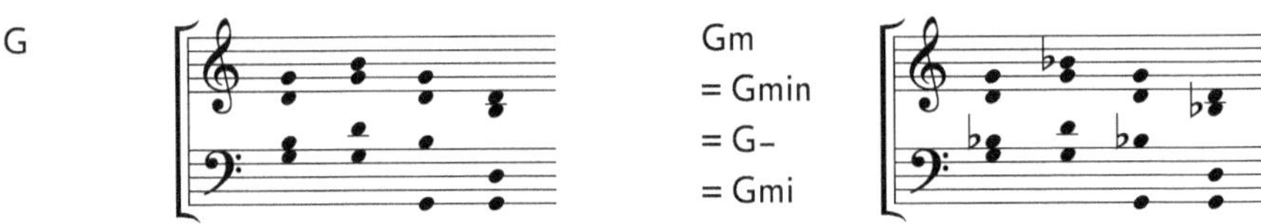

SUS4

Een akkoord heeft dus meestal een grote of een kleine terts. In plaats daarvan kan het ook een sus4 hebben. Die ligt een (reine) kwart boven de grondtoon:

Een sus4 wil graag naar beneden oplossen naar de terts. Een andere manier om dat te zeggen, is dat hij uitgesteld is. In het Engels is dat suspended en sus is daar weer een afkorting van.

Er bestaat ook nog een sus2, maar die kom je minder vaak tegen dan sus4. Over de richting waarin die noot op wil lossen, verschillen de inzichten. De een ziet hem als een verlaagde terts die naar boven wil, de ander als een verhoogde grondtoon die naar beneden wil oplossen.

VERHOOGDE EN VERLAAGDE KWINT

De kwint van het akkoord kun je verhogen of verlagen. Een verhoogde kwint geef je aan met $^{\#5}$ of $^{+5}$ en een verlaagde met $^{\flat5}$ of $^{-5}$:

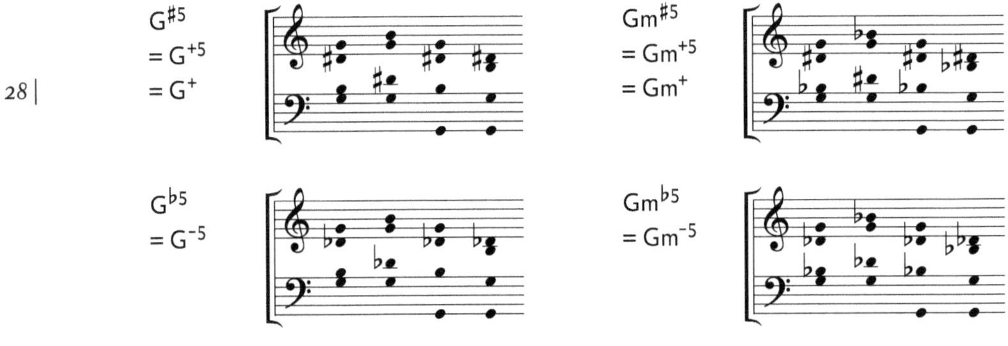

Toevoegingen

Akkoorden zijn in het algemeen opgebouwd uit tertsen. Dat wil zeggen dat er tussen de tonen telkens een terts zit. Een drieklank bestaat uit de eerste drie tonen van de tertsenreeks, overeenkomend met de cijfers 1, 3 en 5. Als je een drieklank wilt uitbreiden, ga je verder in de tertsenreeks: 7, 9, 11, 13.

Noten waarmee je een drieklank kunt uitbreiden, heten toevoegingen. De 7 noem je septiem of zeven, de 9 none of negen. De 11 en 13 heten eenvoudigweg elf en dertien. Naast deze toevoegingen is er nog één die niet in de tertsenreeks zit en dat is de 6, die je sext of zes noemt:

De septiem is de meest gebruikte toevoeging. Er zijn daarvan – net als bij de terts – twee soorten. De gewone septiem, kortweg septiem genoemd, ligt een hele secunde onder het octaaf. Die toevoeging geef je aan met 7. De andere, majeur-septiem, ligt iets hoger, namelijk een halve secunde onder het octaaf. Deze duid je aan met maj7 of met Δ:

Overigens noemt men in de klassieke muziek een septiem een kleine septiem en een majeur-septiem een grote septiem.

De toevoegingen 6, 9, 11 en 13 kun je – net zoals de kwint – verhogen of verlagen. Bijvoorbeeld, de gewone none ligt een grote secunde boven het octaaf. De verlaagde none heet mol-negen of min-negen en ligt een kleine secunde boven het octaaf. De verhoogde none, kruis-negen of plus-negen, ligt een kleine terts boven het octaaf:

CONTEKST

In de jazz geldt dat elke toevoeging de onderliggende impliceert. Dat wil zeggen dat als er bij een akkoord een toevoeging staat, je die daaronder ook hoort te spelen. Bijvoorbeeld als je een none schrijft, zit de septiem ook in het akkoord. Een G⁹ heeft in de jazz een 9 én een 7, en in het akkoord Gm¹¹ zit een 11, een 9 én een 7.

In de popmuziek ga je anders om met toevoegingen dan in de jazz. In die stijl is het niet zo dat een toevoeging die daaronder impliceert. In de pop betekent een G⁹ gewoon een drieklank met een none. Omdat men in de jazz en de popmuziek anders met akkoorden omgaat, moet je altijd goed in de gaten houden welke manier van noteren is gebruikt.

Vierklanken

Een drieklank met één toevoeging heeft vier tonen en heet daarom een vierklank. Op deze bladzijde staan de meest gebruikte.

De toevoeging none noteer je in de popmuziek als 9. Maar, zoals gezegd, impliceert dat in de jazz een 9 en een 7. Een akkoord met een none, maar zonder septiem, komt in die muziekstijl minder vaak voor. Als je in de jazz die samenklank toch wilt noteren, schrijf je add 9:

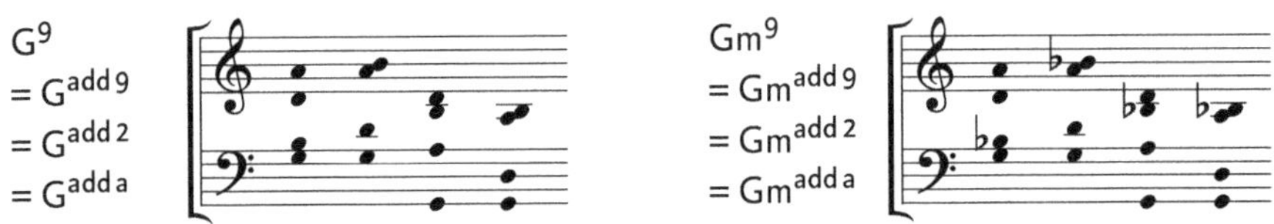

KWINT

In een vierklank kun je – net als in een drieklank – de kwint verhogen of verlagen. Een verlaagde kwint komt het meest voor in een mineurakkoord. Een mineurakkoord met een verlaagde kwint en een sext heet een verminderd septiemakkoord en wordt ook wel een dim-akkoord genoemd. Die samenklank komt dermate vaak voor dat er een apart teken voor is bedacht, namelijk o. Een mineurakkoord met een verlaagde kwint en een septiem is een halfverminderd septiemakkoord. Die geef je aan met ø:

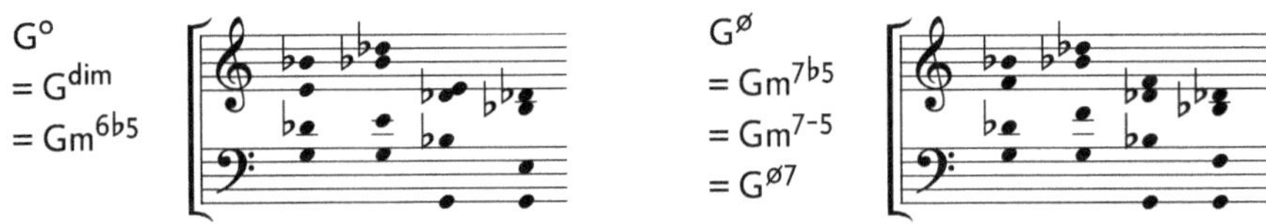

Slash-akkoorden

Een essentieel onderdeel van een akkoord is de noot die onderin ligt, oftewel de basnoot. In de meeste gevallen is dat de grondtoon van het akkoord, maar het kan ook een andere toon zijn. Zo'n akkoord noteer je met een slash (oftewel een schuine streep). Daarachter noteer je de basnoot.

Het slash-akkoord dat je het meeste gebruikt, heeft de terts in de bas:

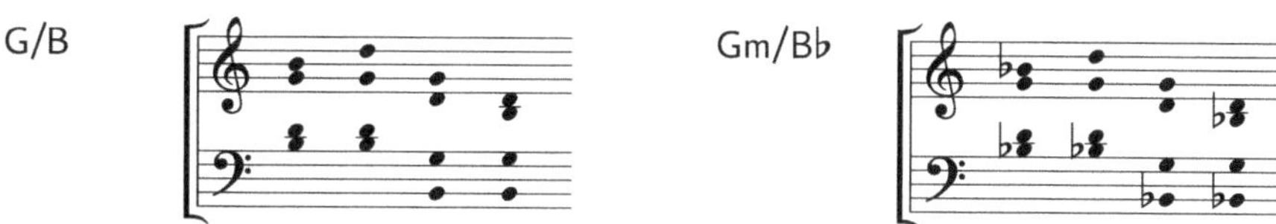

Ook veelvoorkomend is het akkoord met de kwint in de bas:

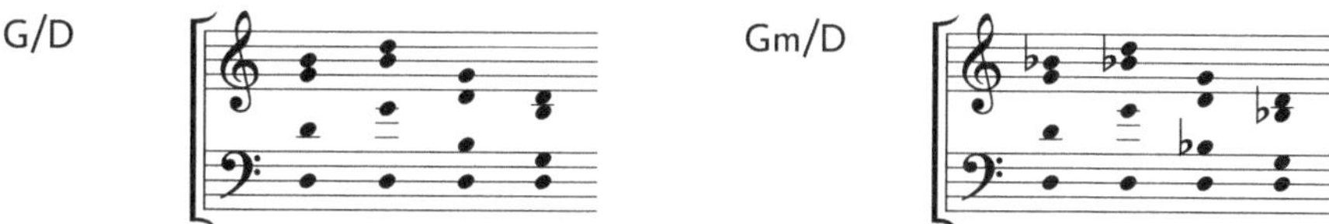

Af en toe kom je een akkoord tegen dat de septiem in de bas heeft:

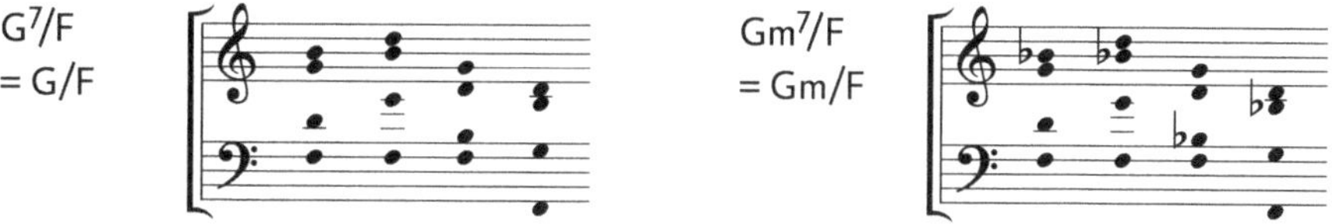

SECUNDE BOVEN DE GRONDTOON

Een slash-akkoord dat speciale aandacht verdient, is een majeur akkoord waarbij de bas een hele secunde boven de grondtoon ligt:

Eigenlijk is G/A een verkorte schrijfwijze van A^{79sus4}. Het akkoord wil dan ook oplossen naar D:

Vijfklanken

Als je een drieklank uitbreidt met twee toevoegingen ontstaat er een vijfklank:

VERHOOGDE EN VERLAAGDE NONE

De verhoogde en verlaagde negen combineer je meestal met een septiem:

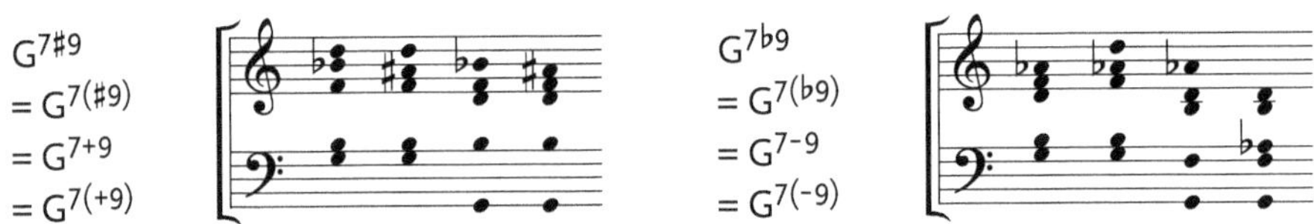

De verhoogde negen noem je kruis-negen. Met deze toevoeging is iets vreemds aan de hand. Je hoort deze in de notenbalk eigenlijk te noteren met een kruis, maar in de praktijk doen muzikanten dat vaak met een mol. In het voorbeeld hierboven moet de toevoeging een *la kruis* zijn, maar in plaats daarvan zie je vaak een *si mol*. Het symbool is dus in tegenspraak met de geschreven noten.

Een kruis-negen wordt dus vaak genoteerd als een kleine terts in een majeur akkoord. In Nederland duidt men die toevoeging daarom ook wel aan als mol-tien. Maar omdat men in het Engels deze manier van noteren niet gebruikt, komt die verder in dit boek niet voor.

JAZZY KLANK

Een combinatie van een verhoogde of verlaagde none met een verhoogde of verlaagde kwint geeft een uitgesproken jazzy klank:

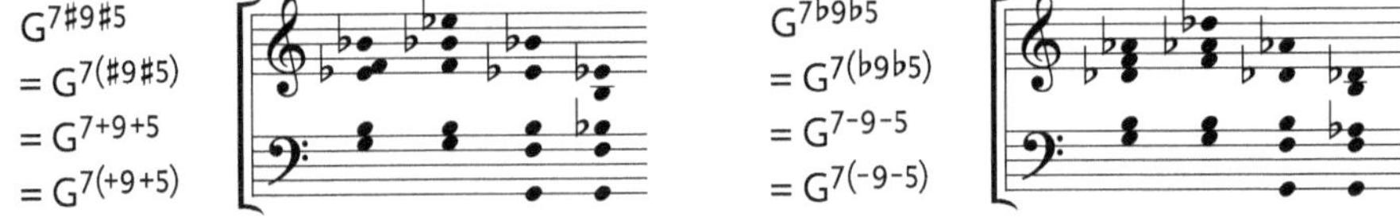

Een akkoordenschema achterhalen

Je kunt op verschillende manieren aan de akkoorden van een nummer komen:

Haal de akkoorden uit een songbook of een real book Bladmuziek van pop en musicals kun je terugvinden in songbooks. Daarin staat de melodie uitgeschreven met pianobegeleiding, meestal met de akkoorden erbij. Jazznummers staan vaak in een real book, een dikke bundel met jazz standards. Daarin staat de melodie met akkoorden, maar zonder pianopartij. Zo'n weergave van een nummer heet een lead sheet.

Koop de bladmuziek digitaal De laatste jaren kun je steeds meer op internet digitale bladmuziek aanschaffen. Dat wil zeggen dat je de noten kunt downloaden en uitprinten. Een nummer met akkoorden en pianobegeleiding kost meestal niet meer dan vijf euro.

Zoek de akkoorden op internet Zoek in zo'n geval naar de titel van het nummer in combinatie met de term 'tabs' of 'chords'. Controleer de gevonden akkoorden grondig, want ze zijn dikwijls onjuist of onvolledig.

ZELF UITZOEKEN

Als je het schema van een nummer nergens kunt vinden, moet je de akkoorden zelf uitzoeken. Schrijf dan om te beginnen de hoofdnoten van de bas uit. Daarmee ben je al een eind op weg, want meestal zijn dat de grondtonen van de akkoorden.

Stel dat er in een bepaalde maat een *sol* klinkt in de bas. Het akkoord in die maat is dan in de meeste gevallen een majeur- of mineurakkoord op die noot. Vaak kun je uit de toonsoort afleiden om welke van de twee het gaat. In de toonsoort do majeur is het waarschijnlijk een majeurakkoord, omdat er in die toonladder een *si* voorkomt. In fa-majeur is het akkoord waarschijnlijk mineur en in sol majeur is het majeur:

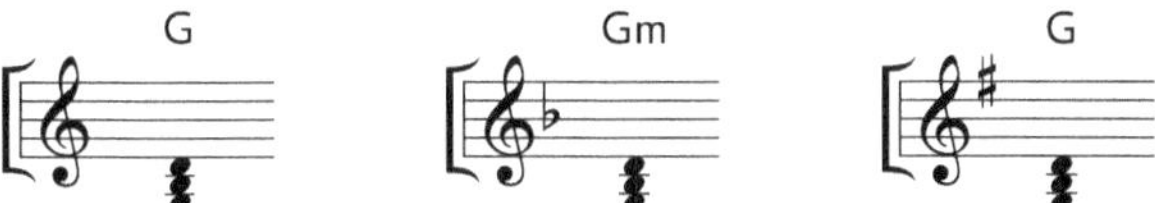

Als je bij de harmonieën toevoegingen zoekt, volg je ook weer de toonladder. Stel dat je bij de bovenstaande drieklanken een septiem wilt toevoegen. In dfo majeur is een septiem de voor de hand liggende keus, omdat *fa* in de toonladder zit. In fa majeur verwacht je dezelfde toevoeging en in sol majeur een majeur-septiem:

Hoofdstuk 4

Harmonieën schrijven

Dit hoofdstuk behandelt hoe je akkoordsymbolen kunt vertalen naar noten in de partituur. Onderwerpen die onder andere daarbij aan bod komen, zijn nauwe en wijde liggingen, akkoordverbindingen, chromatiek en parallellen.

Voor dit onderdeel van het arrangeren is het essentieel dat je aan de piano werkt. Neem de tijd om de akkoorden te verkennen en te improviseren over het schema. Probeer daarbij telkens andere liggingen van de harmonieën en onthoud de mooie liggingen die je tegenkomt.

Nauwe en wijde liggingen

Voor het schrijven van harmonieën is het belangrijk om het verschil te weten tussen *nauwe* en *wijde liggingen*. Een akkoord heeft een nauwe ligging als de bovenstemmen (alle stemmen afgezien van de bas) binnen een octaaf liggen. De afstand tussen de bas en de overige stemmen is daarbij niet van belang:

Als de bovenstemmen meer dan een octaaf omvatten, heeft het akkoord een wijde ligging:

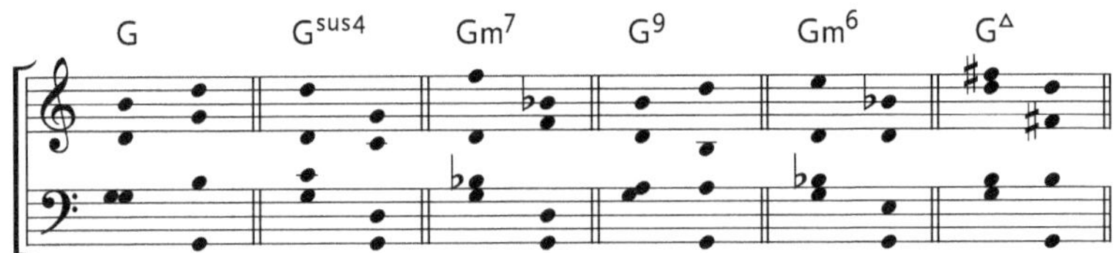

In de lichte muziek gebruik je vooral nauwe liggingen. Wijde liggingen geven een meer klassieke klank.

WERKING VAN DE LIGGINGEN

Om het verschil in klank tussen nauwe en wijde liggingen te illustreren staan hieronder twee versies van een fragment van *Penny Lane* van The Beatles. De eerste versie is geschreven met nauwe liggingen en de tweede met wijde:

Bij de nauwe samenklanken versmelten de bovenstemmen tot een hechte klank. In de andere versie neem je de individuele melodische lijnen van de alt en de tenor sterker waar.

De juiste harmonieën

Zorg ervoor dat de akkoorden die je schrijft compleet zijn. Het is met name storend als in een samenklank de terts ontbreekt. In het onderstaande fragment van *Blackbird* van The Beatles staat in de tweede maat een incomplete harmonie. Van het akkoord F wordt de terts niet gezongen. Dat moment klinkt daarom kaal en onbevredigend:

Je kunt het akkoord volledig maken door in de tenor een *la* te schrijven. Overigens zijn er natuurlijk ook stijlen waarin samenklanken zonder terts juist wel goed passen, zoals in volksmuziek en wereldmuziek.

CORRECTE BASNOTEN

Zorg ervoor dat je de juiste noot in de bas schrijft, zeker op de momenten waarop de harmonie verandert. In het volgende arrangement van *Here, there and everywhere* van The Beatles is ervoor gekozen om een gedeelte van de melodie te herhalen in de basstem. Op zich is dat een leuke gedachte. Maar omdat er daardoor geen grondtonen meer in de bas klinken, kloppen de harmonieën niet meer:

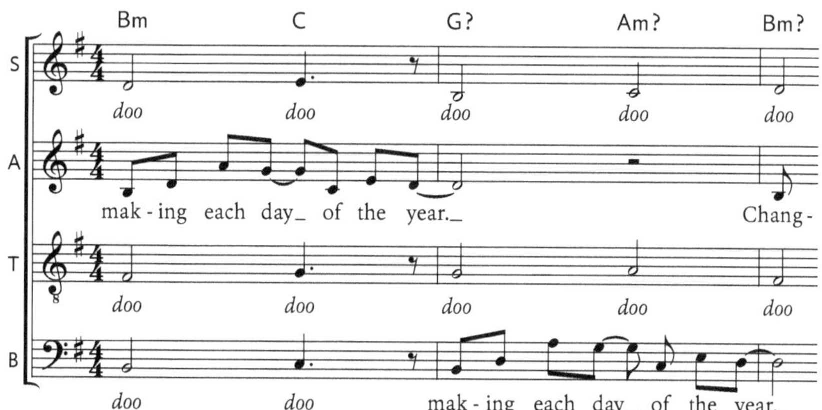

In plaats van G, Am en Bm klinken er de akkoorden G/B, Am/G en Bm/D. Daardoor heeft het arrangement niet meer het logische harmonische verloop van het origineel.

Veel of weinig toevoegingen

Bij het schrijven van harmonieën kun je je veel vrijheden in de toevoegingen veroorloven. Als je noten toevoegt – of ze juist weghaalt – tast dat de essentie van de akkoorden niet aan. Als er bijvoorbeeld in een schema F^6 staat, kun je daar vaak zonder problemen F of F^{69} van maken. De toevoegingen geven dus 'smaak' aan de harmonieën, maar veranderen ze niet wezenlijk.

MUZIEKSTIJL

De hoeveelheid toevoegingen in de akkoorden hangt sterk af van de muziekstijl. In popnummers, zoals in *Let it be* van The Beatles, klinken overwegend drieklanken:

In jazznummers, zoals *A foggy day* van Gershwin, klinken veelvuldig vier- en vijfklanken:

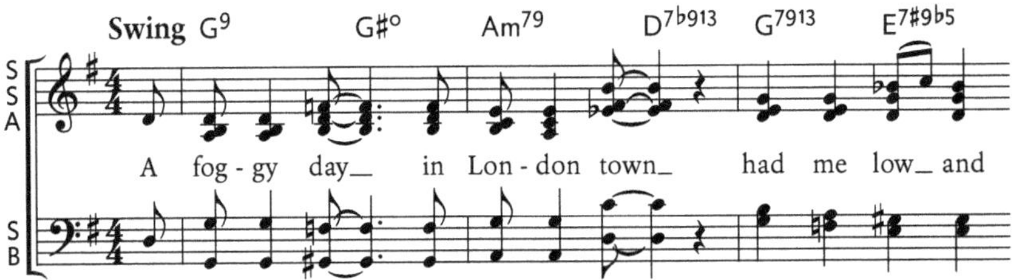

Met het bovenstaande is natuurlijk niet gezegd dat je in popmuziek altijd eenvoudige drieklanken moet schrijven en in jazz ingewikkeldere harmonieën. Het kan juist heel interessant zijn om een nummer te arrangeren met een afwijkend akkoordenschema of in een andere stijl dan het origineel.

CONSTANTE COMPLEXITEIT

Over het algemeen klinkt het goed als je de complexiteit van de akkoorden in een arrangement min of meer constant houdt. Als je in een nummer met drieklanken ineens een vijfklank schrijft, kan dat overdreven ingewikkeld overkomen. En omgekeerd, als er tussen vijfklanken plotseling een eenvoudige drieklank staat, kan dat onbeholpen of fantasieloos klinken.

Vijfklanken met vier stemmen

Als je maar vier stemmen tot je beschikking hebt, is het toch mogelijk om vijfklanken te schrijven. Je kunt namelijk van complexe akkoorden de kwint weglaten, zonder dat je de essentie
van de harmonie geweld aandoet. In het volgende fragment van *How long has this been going on*
ontbreekt op een aantal plaatsen de kwint:

In het akkoord C^{713} is de kwint *sol* niet geschreven, in D$^{7\flat9}$ de *la* en in Gm^{7add4} de *re*.

GRONDTOON WEGLATEN

Er is nog een andere manier om vijfklanken te maken met vier stemmen. In een arrangement
met begeleiding klinken de grondtonen op het basinstrument of in de linkerhand van de piano.
In de vocale partijen kun je die dan weglaten. Deze techniek klinkt zelfs uitgesproken jazzy. In
het onderstaande fragment van *A foggy day* klinken de grondtonen in de contrabas en niet in de
zangpartijen, en desondanks voelen de harmonieën compleet:

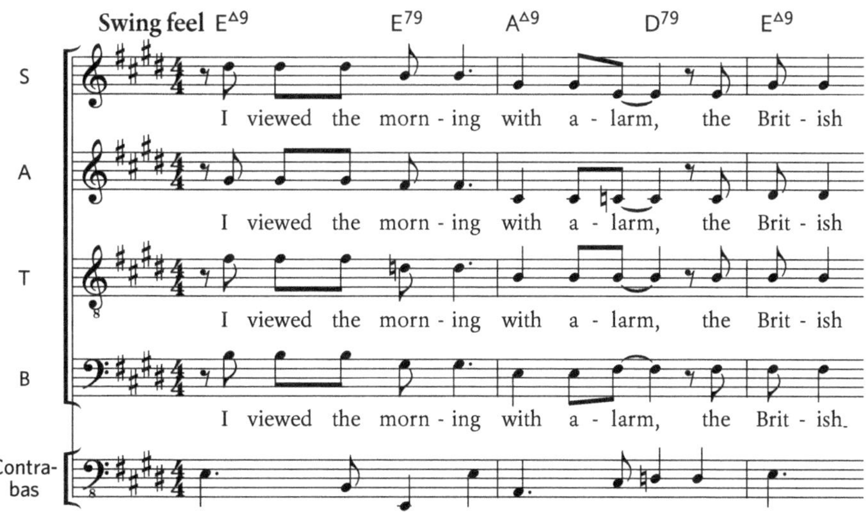

Akkoordverbindingen

Tot nu toe hebben we in dit hoofdstuk gekeken naar losstaande akkoorden. In de rest van dit hoofdstuk gaat het om de samenhang daartussen. De manier waarop een harmonie overgaat in een andere heet een akkoordverbinding. Verbindingen werken op de piano op dezelfde manier als gezongen. Als een verbinding op de piano fraai klinkt, zal die dat ook doen met stemmen. En omgekeerd, als het op de piano niet mooi is, zal dat met stemmen ook zo zijn. Aan de hand van de piano kun je dus een goede indruk krijgen van de werking van de vocale harmonieën.

Bij het schrijven van akkoordverbindingen moet je onder andere rekening houden met de grootte van de sprongen, de richting waarin noten oplossen, chromatiek en parallellen. Die verschillende aspecten komen hierna aan de orde.

KLEINE SPRONGEN

Over het algemeen klinken akkoordverbindingen goed als de bovenstemmen (alle stemmen afgezien van de bas) kleine sprongen maken:

Je kunt deze regel ook als volgt formuleren: verbindingen klinken logisch als er veel stemmen blijven liggen.

SEPTIEM

Als er in een akkoord een septiem zit, kun je die het beste naar beneden oplossen:

DALEND OPLOSSEN

Verbindingen tussen complexe jazzakkoorden werken dalend meestal beter dan stijgend:

Octaaf- en kwintparallellen

Parallellen treden op als twee stemmen die een octaaf of een reine kwint uit elkaar liggen, dezelfde beweging maken:

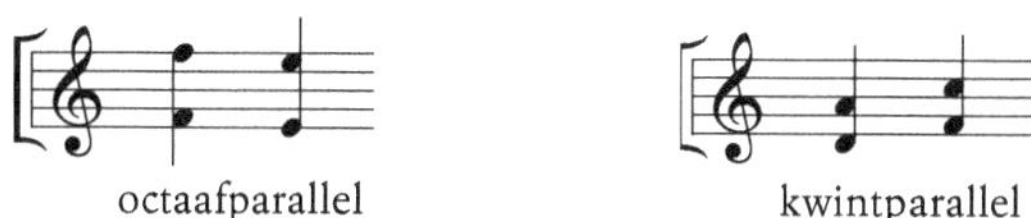

Volgens de klassieke harmonieleer zijn octaaf- en kwintparallellen verboden. In de lichte muziek komen ze echter regelmatig voor. Soms gebruik je ze zelfs bewust om een specifieke klank te creëren. Dat kun je bijvoorbeeld horen in *Theme from the Pink Panther*, het intro van *Fire* van The Pointer Sisters of *Owner of a lonely heart* van Yes.

PARALLELLEN SCHRIJVEN

Als arrangeur doe je er goed aan om je bewust te zijn van parallellen. In de lichte muziek zijn het met name die tussen de basstem en de bovenste stem waar je voor moet uitkijken. Ze geven een ongepolijste of zelfs onbeholpen klank:

In het bovenstaande voorbeeld is de parallel vermeden door een tegenbeweging te maken. Dat wil zeggen dat de bovenstem de andere kant op beweegt dan de bas. Hieronder is de kwintparallel tussen de bas- en bovenstem vermeden door de terts van de akkoorden bovenin te leggen:

COMPLEXE HARMONIEËN

Parallellen tussen de bovenstem en bas zijn in complexe akkoorden minder storend dan in eenvoudige drieklanken. Het is alsof de dissonanten in de akkoorden voor afleiding zorgen, zodat de parallellen minder opvallen:

Parallellen met middenstemmen

Parallellen waarbij de middenstemmen betrokken zijn, zijn minder storend dan tussen de bovenstem en de bas. In het volgende fragment van *Here, there and everywhere* zijn er doorlopend kwinten tussen de bas en de tenor en toch klinken de harmonieën verzorgd:

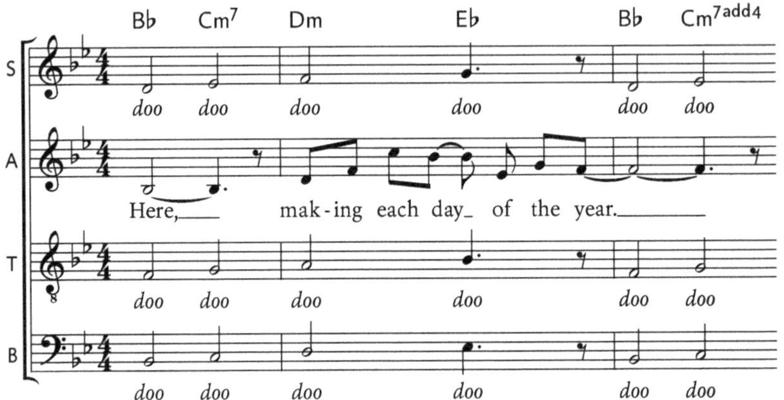

Hetzelfde geldt voor parallellen tussen boven- en middenstem. In het onderstaande voorbeeld van *A foggy day* staan er tussen de sopraan en de tenor telkens kwinten, maar desondanks klinken de akkoorden goed:

Overigens schreef Gershwin zelf ook volop kwintparallellen met de middenstemmen, zoals in de eerste maten van *Summertime*. In dit geval schuiven de harmonieën zelfs als geheel naar boven en weer terug. Toch blijven ze fraai klinken, omdat het mineurakkoord met toegevoegde zes verrassend is:

Zingbare partijen

Complexe akkoorden resulteren vaak in moeilijke partijen. Met name chromatische passages en verminderde en overmatige sprongen zijn lastig om te zingen. Hieronder staan wat voorbeelden. Neem de partijen zelf een keer door, zodat je de problemen hiermee ervaart.

CHROMATIEK

In het nummer *Nice work if you can get it* van Gershwin komt een keten van dominant-septiemakkoorden voor. De harmonieën dalen steeds een kwint en volgen dus de kwintencirkel. In het voorbeeld hieronder levert dat een lastige, chromatische lijn op in de tenor:

TRITONUS

Een sprong van zes halve tonen – een verminderde kwint of een overmatige kwart – is berucht. Zelfs professionele zangers zullen de nodige moeite houden met het treffen van zo'n interval. In het onderstaande fragment van *The man I love* zingt de bas een verminderde kwint van *la* naar *mi mol*:

OVERMATIG EN VERMINDERD

In het volgende voorbeeld zingt de alt *si mol – fa kruis*. De afstand daartussen is vier halve tonen en dus hetzelfde als een grote terts. Toch is deze sprong in de context van het akkoord D⁷♯5 zeer moeilijk te treffen. Het gaat hier namelijk om een verminderde kwart in plaats van een grote terts:

Een- en meerstemmigheid afwisselen

Een veelgebruikte techniek bij het arrangeren is het afwisselen van een- en meerstemmige gedeeltes. Je kunt bijvoorbeeld het eerste couplet eenstemmig schrijven en het tweede meerstemmig. Op die manier creëer je op een eenvoudige manier een opbouw in een nummer.

Een- en meerstemmigheid kun je ook binnen een couplet of refrein afwisselen. Je maakt het arrangement daarmee levendig en contrastrijk. In het volgende voorbeeld van *Nice work if you can get it* van Gershwin zingen drie vrouwenstemmen gedeeltelijk unisono en gedeeltelijk driestemmig:

OPMATEN

Eenstemmigheid kan ook van pas komen in opmaten. Het werkt vaak goed om een opmaat unisono te houden en de klank daarna te laten 'uitwaaieren':

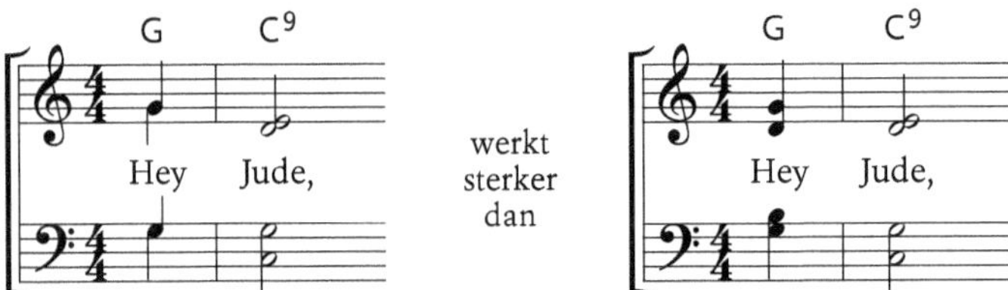

Hoofdstuk 5

Arrangeren in lagen

Dit hoofdstuk gaat over de verschillende rollen die de stemmen in een arrangement kunnen hebben. In welke stem ligt de melodie? Zingt er een tweede stem mee en eventueel zelfs een derde? Is er een aparte baslijn? Zijn er begeleidende stemmen? Enzovoort. De manier waarop de rollen verdeeld zijn in een bewerking, noemen we in dit boek de structuur.

De structuur van een arrangement kun je beschrijven in lagen. Een laag bestaat uit één of meerdere stemmen die op hetzelfde moment dezelfde tekst zingen. Een andere manier om dat te zeggen is dat de stemmen homofoon zijn. Op de volgende bladzijde komt allereerst dat begrip nader aan bod.

Homofoon

Stemmen zijn homofoon als ze dezelfde tekst zingen op hetzelfde moment, maar op verschillende toonhoogtes. Hier is als voorbeeld een fragment van *She's leaving home* van The Beatles:

Stemmen die homofoon zijn maken samen akkoorden. Je kunt ook zeggen dat ze een harmonisatie vormen van de melodie.

In een niet-homofoon arrangement hebben de stemmen verschillende rollen. In het fragment hieronder zingt de sopraan de melodie, heeft de bas een aparte lijn en maken de twee overgebleven stemmen begeleidende harmonieën:

Merk op dat de alt en de tenor hier samen wel homofoon zijn.

 POLYFOON

Letterlijk genomen is polyfoon het tegenovergestelde van homofoon. Toch kun je die term beter niet gebruiken, omdat men die associeert met de contrapuntische muziek uit de Renaissance.

Mogelijke structuren

Stemmen die homofoon zijn, vormen een eenheid. De toehoorder neemt ze niet als verschillende lijnen waar, maar als een geheel. Homofone stemmen vormen daarom samen een *laag*. Arrangementen hebben meestal één, twee of drie vocale lagen. Hoe meer lagen er zijn, hoe complexer de structuur is.

Op deze bladzijde staan vier mogelijke structuren schematisch weergegeven. Voor het gemak is uitgegaan van een gemengd koor. De eenvoudigste variant heeft alle stemmen in één laag. De melodie ligt dan meestal bovenin:

> SOPRAAN (MELODIE)
> ALT
> TENOR
> BAS

Als je een stem loshaalt en de melodie laat zingen, heeft het arrangement twee vocale lagen. De melodie kan dan in elke willekeurige stem liggen:

> MELODIE

> SOPRAAN
> ALT
> TENOR
> BAS

De twee structuren hierboven, kun je toepassen in een a capella-arrangement, maar ook in een arrangement met begeleiding. In dat laatste geval voegen de instrumenten extra lagen toe.

APARTE BASLIJN

In een a capella-arrangement heb je vaak behoefte aan een aparte, vocale baslijn. Als je daarbij de rest van de stemmen homofoon maakt, zijn er twee lagen:

> SOPRAAN (MELODIE)
> ALT
> TENOR

> BAS

In het geval dat je een aparte melodie én een aparte baslijn schrijft, ontstaan er drie lagen:

> MELODIE

> SOPRAAN
> ALT
> TENOR

> BAS

Op de volgende bladzijden staan voorbeelden van arrangementen met één, twee of drie vocale lagen. In de voorbeelden is uitgegaan van fragmenten uit twee nummers: *Let it be* van The Beatles en *Let's call the whole thing off* van Gershwin.

Eén laag

De meest eenvoudige structuur voor een arrangement is met alle stemmen homofoon. Zulke noten zijn eenvoudig te zingen, omdat de zangers steun aan elkaar hebben voor de ritmes en de tekst. Het schrijven van een homofone bewerking is ook overzichtelijk, omdat je geen rekening hoeft te houden met de interactie van verschillende ritmes:

In een arrangement met begeleiding kun je de stemmen eveneens homofoon maken. De zangers zijn dan één vocale laag en de instrumenten voegen daar nog een of meerdere lagen aan toe:

WAARDEVOL

Ook al zijn homofone arrangementen relatief eenvoudig, toch kunnen ze zeer de moeite waard zijn. Omdat alle zangers samen de tekst zingen, vormen ze een krachtige groep met een sterke focus.

Twee lagen, met de melodie als afzonderlijke laag

Als je de melodie in een bepaalde stemgroep schrijft en de overige stemmen homofone begeleiding geeft, vormen de stemmen twee lagen:

In dit voorbeeld ligt de tenor relatief hoog en de begeleiding laag. Daardoor is de melodie goed hoorbaar. De linkerhand van de piano speelt een baslijn. De basstem zingt diezelfde tonen, maar niet in hetzelfde ritme. De drie begeleidende stemmen leggen een deken van klank rond de tenor, terwijl de pianopartij voor de doorgaande puls zorgt.

In het volgende voorbeeld ligt de melodie in de alt:

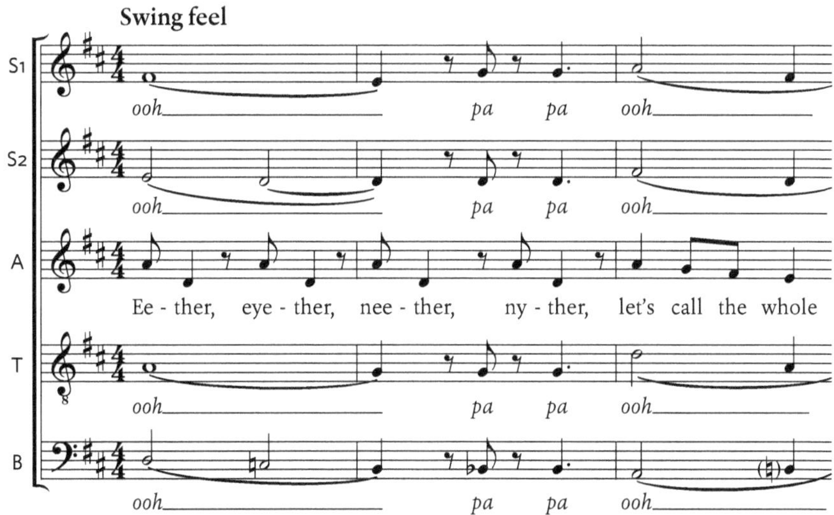

Twee lagen, met de bas als afzonderlijke laag

In plaats van de melodie kun je ook de bas loshalen van de andere stemmen. Het arrangement heeft dan een laag met alle bovenstemmen en een tweede laag met de bas. Deze structuur geeft je meer mogelijkheden om het arrangement ritmisch interessant en swingend te maken.

Hieronder staat een uitwerking van *Let it be*. De bovenstemmen hebben veel syncopen, maar de basstem niet. Door de wisselwerking tussen de verschillende ritmes, krijgt het nummer een interessante groove:

In een jazzarrangement kun je deze structuur gebruiken om blokakkoorden te schrijven met daaronder een lopende bas. Deze technieken wordt veel toegepast in bigbands. Blokakkoorden zijn hechte samenklanken van vier of vijf stemmen die samen bewegen. In het volgende fragment maken de bovenste stemmen nauwe, vierstemmige akkoorden die steeds minder dan een octaaf omspannen. De basstem zingt hier een zogenaamde lopende bas met almaar doorgaande kwarten (meer daarover op pagina 68):

Drie lagen

Als je de melodie en de bas schrijft in twee aparte lagen, houd je een aantal stemmen over voor de begeleidende harmonieën:

In dit voorbeeld bestaat de begeleidende laag uit sopraan en alt. Ze zingen van elk akkoord steeds de terts en de kwint. Samen met de basstem maken ze dus complete drieklanken.

Hieronder staat een fragment van *Let's call the whole thing off*, gearrangeerd in drie lagen:

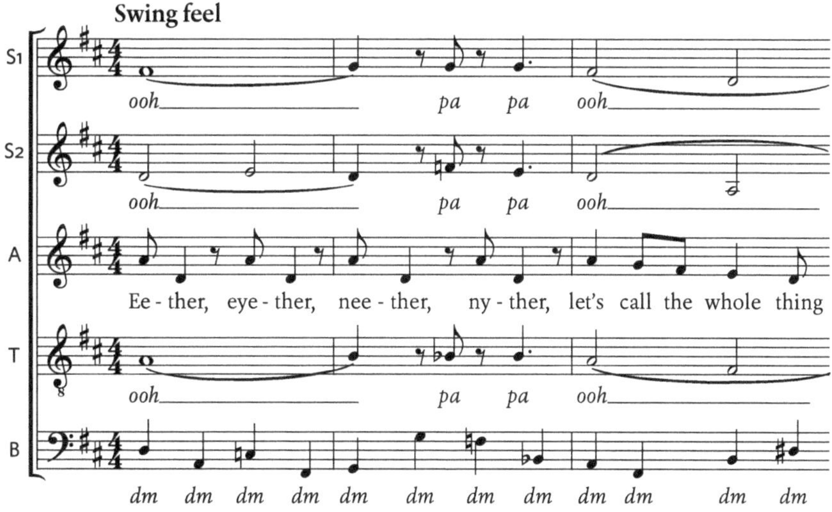

In dit fragment zingt de alt de melodie met onderin een lopende bas. De derde laag bestaat in dit geval uit drie stemmen, waarin de harmonieën klinken. De begeleiding heeft lange liggende akkoorden, met af en toe syncopische accenten.

Lagen neem je apart waar

De verschillende lagen in een arrangement staan min of meer los van elkaar. Een toehoorder neemt ze – tot op zekere hoogte – apart waar. Zorg er daarom voor dat elke laag mooi klinkt, ook zonder de andere stemmen.

Dit idee is het beste uit te leggen aan de hand van een zetting voor stem en piano, omdat daarin de lagen helder gescheiden zijn:

Dit fragment heeft drie lagen. De zang is er een en de piano voegt er nog twee aan toe. De begeleiding overlapt voor een deel met de zang. Aan het begin van de eerste en tweede maat staan in de piano noten die ook al klinken in de zang. Maar dat wil niet zeggen dat je die noten weg kunt laten. Als je bijvoorbeeld van het eerste akkoord de *fa kruis* niet speelt, is de harmonie in de piano incompleet en klinkt die niet logisch.

Bij het schrijven voor stemmen in lagen geldt hetzelfde. Hieronder staat als voorbeeld een vocaal arrangement waarin de begeleidende stemmen onhandig geschreven zijn. De sopraan vormt één laag en de andere partijen een tweede. Als je beide lagen bij elkaar optelt, zijn de akkoorden compleet (althans op de eerste tel van elke maat). Maar de begeleiding klinkt toch onvolledig en kaal:

In de eerste maat zingen de begeleidende stemmen alleen de grondtoon en de kwint, en in de tweede alleen de grondtoon en de terts. Dit fragment klinkt beter als je in die maten de alt daar *fa kruis* en *mi* geeft en de tenor *la* en *do kruis*.

Vier of meer lagen

De bezetting van een band is vaak met vier of meer instrumenten en daarnaast zijn er dan nog
één of meerdere zangers. Samen klinken er dan bijvoorbeeld gitaar, drums, bas, keyboards,
sologitaar, lead en achtergrondzangers. Als beginnend arrangeur heb je de neiging om alles wat
er klinkt te vertalen naar een aparte stem. Toch kun je dat beter niet doen. Een arrangement
met vier of meer vocale lagen klinkt al gauw onrustig. Het werkt meestal beter om ten minste
één laag te maken waarin meerdere stemmen homofoon zingen. Zo'n laag is vergelijkbaar met
akkoorden op gitaar of piano. Op het moment dat een gitarist vijf snaren aanslaat of een pianist
vijf toetsen, is dat immers één laag met vijf stemmen.

Als je een nummer arrangeert waarin veel tegelijkertijd klinkt, moet je kiezen welke lijnen je in
de stemmen verwerkt. Laten we als voorbeeld eens kijken naar het onderstaande fragment van
All you need is love van The Beatles. In het origineel klinkt het volgende:

Hoe kun je al die klanken terugbrengen tot – laten we zeggen – vijf zangpartijen a capella? Om
de gitaarakkoorden goed weer te geven, heb je ten minste drie stemmen nodig, omdat het gaat
om drieklanken. De tweede stem boven de melodie kun je eventueel weglaten. Van de twee
trompetten daarentegen kun je er geen missen, want de tweestemmigheid daarvan is typerend
voor het nummer. De toonhoogtes van de hoorn klinken in de gitaar. Het ritme daarvan kun je
toevoegen aan de bas. Al met al zou je het nummer als volgt kunnen omzetten naar stemmen:

Hoofdstuk 6

De begeleidende stemmen en de basstem

In een vocaal arrangement gebruik je voor de begeleidende stemmen en de basstem veelal klanken in plaats van tekst. Met klanken bedoelen we in dit verband betekenisloze woorden, zoals *doo*, *pah* en *bm*. Door dat soort klanken te gebruiken in plaats van tekst, vergroot je het palet aan kleuren dat je als arrangeur tot je beschikking hebt. Als je de vocale lagen verschillende klanken geeft, onderscheiden de lagen zich beter van elkaar en daarmee wordt de structuur van het arrangement helderder.

Engelse notatie van klanken

Bij het arrangeren van Engelstalige nummers, heb je de keuze om de klanken te noteren in het Engels of in het Nederlands. Het lijkt logisch om voor het laatste te kiezen. Je werkt immers meestal met een Nederlands koor.

Er is echter ook wat te zeggen voor het Engels. In arrangementen die je in de winkel kunt vinden, staan de klanken meestal in die taal. Je sluit met je eigen arrangement op die manier dus aan bij wat er internationaal gangbaar is. Een ander voordeel is dat het Engels een manier van zingen suggereert die goed werkt in de lichte muziek. De Engelse klinker *ooh* bijvoorbeeld heeft meer boventonen dan de Nederlandse *oe* en is daardoor voor de zangers gemakkelijker af te stemmen.

In de muziekvoorbeelden in dit boek staan de klanken in het Engels:

GEBRUIKELIJKE NOTATIE

Het lastige van Engelse klinkers is dat de uitspraak ervan niet eenduidig is. Bijvoorbeeld, in de woorden *do, dog, dose* en *done* spreek je de *o* telkens anders uit. Het is dus belangrijk om de klanken in je arrangement zo te kiezen dat er zo min mogelijk verwarring ontstaat.

Hieronder staan de klanken die de meeste arrangeurs uit de VS en Engeland hanteren:

Nederlands	Engels
a	*a* of *ah*
oe	*oo* of *ooh*
o	*o* of *oh*
u (zoals in *dun*)	*u* of *uh*
e	*ay*
i	*i*
ie	*ee*

Merk op dat je *o* hier dus uitspreekt uit als in *door* en *oo* als in *doom*.

Engelstalige arrangeurs gebruiken de medeklinker *e* op verschillende manieren. In het ene arrangement is het de bedoeling dat je deze uitspreekt als in *deck* en in het andere als een stomme *e.*

Veel arrangeurs uit de VS en Engeland noteren de klanken *a, e, ee, i, o, oo* en *u* met een *h* erachter, dus als *ah, eh, eeh, ih, oh, ooh* en *uh.* Op die manier zien ze er wat leesbaarder en vocaler uit.

Veelgebruikte klanken

De klinker die bij uitstek geschikt is voor begeleidende stemmen is *ooh*. Die is zacht en niet opdringerig, zodat de melodie niet overstemd wordt. Bovendien mengt die klinker goed en is het intoneren daarop relatief gemakkelijk. Voor luide passages is *ah* voor de hand liggend, omdat die mooi open is. Minder vaak toe te passen zijn *oh, ay* en *eeh*.

De meest bruikbare medeklinker om klanken mee te laten beginnen is *d*. Die is onopvallend en niet vermoeiend om te zingen. De *re* maakt dat de klinker erna goed voor in de mond komt te liggen. Nog een voordeel is dat de medeklinker kort duurt, zodat het moment van de inzet helder is. Andere bruikbare medeklinkers zijn *b, n, p* en *v*. Minder geschikt zijn *g, l, n* (die trekken de klinker erna naar achteren in de mond), *m* (duurt lang) en *z* (relatief luid).

Hier is een overzicht van veelgebruikte klanken en hoe je ze kunt toepassen:

doo, doot, ooh, mm	voor zachte passages
dah, dat, ah	voor luide passages
pah, bah, pap, bap	voor accenten en voor het imiteren van blazers
dm, pm, bm, bom	voor het imiteren van basgitaar en contrabas
voo, vah, voh, vee	voor een jazzy klank
din, ding, dee, dn	voor gebroken akkoorden
dow, dew, tow, tew	voor het imiteren van solo-gitaar
floo, zee, lya, way, bop, etc.	voor jazzy improvisaties

WISSELENDE MEDEKLINKERS

In snelle loopjes werkt het prettig als je verschillende medeklinkers afwisselt, zoals in *pa ba da* of *doo wee doo*:

SCATTING

Als jazz-zangers improviseren, doen ze dat meestal op steeds wisselende klanken, zoals *bee bop pow*, *doo bee doo way* en *doo dn doo dap*. Deze techniek heet *scatting*:

Blazers

Blazers klinken luid en hebben een typerende felle aanzet. Om die te imiteren is de klank *pah* het meest geschikt. Je kunt die afwisselen met *bah* en *dah*, om het geheel lekker zingbaar te maken, zoals in het volgende fragment van *They can't take that away from me* van Gershwin is gedaan:

ANDERE KLANKEN

Je kunt blazers eventueel ook schrijven op *poh* of *peh*. Met *poh* imiteer je de warmte van een hoorn en met *peh* de nasale klank van een gedempte trompet. Houd er wel rekening mee dat die laatste klank zeer luid is en andere partijen snel overstemt. Hieronder staat als voorbeeld een fragment van *Lady Madonna* van The Beatles:

In dit voorbeeld zijn de staccato-noten geschreven op de klank *pep* en *dep*. De *p* aan het eind maakt het voor de zanger gemakkelijk om de noten kort te maken.

Begeleidende stemmen op tekst

Op de voorgaande pagina's is ingegaan op het gebruik van klanken in begeleidende stemmen.
Je kunt de begeleidende stemmen natuurlijk ook tekst geven. Je gebruikt daarvoor meestal
losse woorden uit de melodie, zoals in het volgende fragment van *Penny Lane*:

Door de begeleidende stemmen wordt het arrangement levendig. Het is alsof de begeleidende
stemmen een dialoog aangaan met de melodie. Het nadeel is echter dat de lagen zich minder
sterk onderscheiden van elkaar. Daardoor is de melodie slechter te verstaan en verliest het arrangement helderheid.

TEKSTHERHALING

Wees terughoudend met het herhalen van stukken tekst uit de melodie in de begeleidende
stemmen. In sommige genres is tekstherhaling een wezenlijk deel van de stijl. Je hoort het
bijvoorbeeld veel in de call-and-response in gospel. Maar in pop of jazz wordt het resultaat snel
melig:

Akkoorden in begeleidende stemmen

De eenvoudigste schrijfwijze voor begeleiding is met lange, liggende akkoorden. Die laag dringt zich dan niet op en geeft veel ruimte aan de melodie:

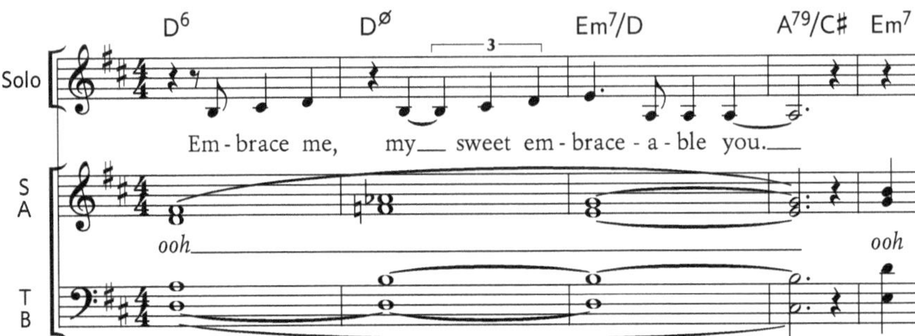

Je kunt ook herhalende noten schrijven, waardoor het arrangement ritmisch stuwender wordt:

Een andere mogelijkheid is om de begeleidende stemmen een ritmisch patroon te geven:

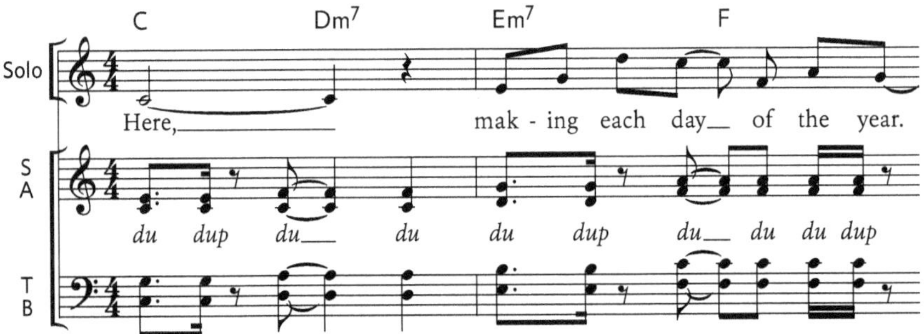

De hierboven beschreven technieken doen denken aan verschillende instrumenten. De liggende akkoorden lijken op strijkers, de herhalende kwarten zouden ook mooi klinken op piano en in het laatste voorbeeld zingen de begeleidende stemmen een soort gitaar-groove.

Arpeggio's

Een van de fraaiste technieken voor begeleidende stemmen is het schrijven van arpeggio's, oftewel gebroken akkoorden. Omdat de tonen na elkaar inzetten, kan de toehoorder elke nuance van de harmonieën proeven:

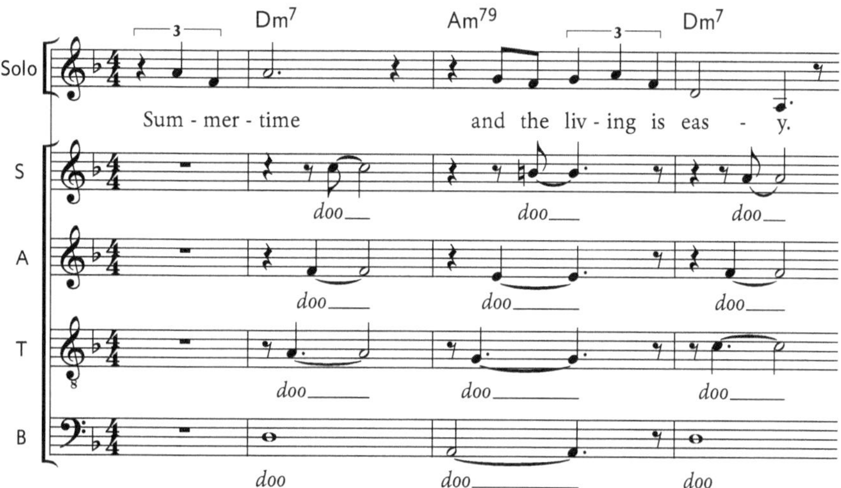

Als de harmonie vaker dan eens per maat wisselt, zoals in *Yesterday*, kan het nodig zijn om meerdere arpeggio's per maat te schrijven:

VEELEISEND

Arpeggio's klinken heel mooi, maar ze zijn lastig om uit te voeren. Ze werken pas goed als alle noten op precies het juiste moment klinken en op exact de goede hoogte. De zangers moeten dus hun eigen partij moeiteloos kunnen zingen en een zeer goede controle over hun stem hebben.

De bovenste stem van de begeleiding

Van de begeleidende stemmen neem je de bovenste stem het sterkst waar. Je zou kunnen zeggen dat die bovenstem een soort tegenmelodie vormt tegen de lead. Probeer de bovenste lijn van de begeleiding altijd zo mooi mogelijk te maken.

DUBBELING

Over het algemeen klinkt het niet fraai als de bovenste lijn van de begeleiding veel noten dubbelt met de melodie. Kijk eens naar het volgende fragment van *She's leaving home*:

In de melodie komt de noot *la* veel voor en de sopraan zingt steeds diezelfde noot. De combinatie van melodie en begeleiding is daarom niet optimaal. Mooier is het om andere topnoten te schrijven in de begeleidende stemmen, bijvoorbeeld door de harmonieën in hun geheel iets lager te zetten.

In het notenvoorbeeld hierboven is er trouwens ook een dubbeling van de melodie met de baslijn. De bas heeft in de tweede maat exact dezelfde noten als de melodie en dat klinkt onverzorgd. Die lijn kun je dus eveneens het beste herschrijven. Al met al klinkt het fragment als volgt beter:

De ligging van de basstem

Het schrijven van een basstem is op zich niet moeilijk. Vaak werkt het prima als je de noten overneemt van het originele nummer. Toch is het maken van een goede baspartij een enorme uitdaging, vanwege de ligging. Een bas hoort namelijk laag te klinken. Hij werkt vooral fijn in het groot octaaf en dat zijn de laagste noten die een basstem kan zingen:

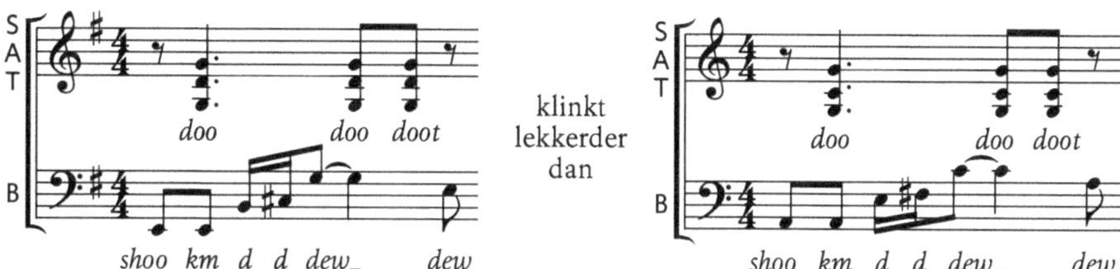

Als je echter de bassen voortdurend lage noten geeft, komen ze nooit eens toe aan de bovenkant van hun bereik. En dat kan ten koste gaan van een goede zangtechniek. Na verloop van tijd ontwikkelen de bassen misschien een te donkere klank en krijgen ze problemen met de intonatie.

Een manier om de bassen af en toe hoge noten te geven, is om niet uitsluitend a capella te zingen, maar ook af en toe met begeleiding. De bassen kunnen in zo'n arrangement aansluiten bij de andere zangers. Daarnaast is het verstandig om in a capella-nummers af en toe genoegen te nemen met een baslijn die wat hoger ligt.

MICROFOONS

Voor de ligging van een basstem maakt het veel uit of er gezongen wordt met of zonder handmicrofoon. Zonder die versterking zijn de laagste noten uit hun bereik – zoals een lage *mi* of *re* – meestal te zacht om werkelijk bruikbaar te zijn. Met microfoon zijn die echter vaak prima in te zetten.

Klanken voor de basstem

Basinstrumenten, zoals een basgitaar en een contrabas, hebben een donkere kleur. Afgezien daarvan hebben de tonen een sterke attack, dat wil zeggen dat ze beginnen met een felle aanzet. Je kunt zo'n instrument imiteren op bijvoorbeeld *dm*, *dn*, *dng*, *bm* of *pm*. De medeklinker *d*, *b* of *p* geeft de noot een goede aanzet en de *m*, *n* of *ng* laat de noot op een prettige manier doorklinken. Ook goed bruikbaar – al liggen ze wat minder voor de hand – zijn klanken als *doon*, *boom*, *doong*, *doo* en *voo*. De klanken *bom*, *pom* en *dom* zijn weliswaar geschikt, maar kunnen een wat potsierlijk effect hebben.

Op een korte noot lukt het nauwelijks om klanken zoals *dm* en *pm* uit te spreken. Snelle loopjes kun je daarom beter schrijven op *du* of *doo*:

In een baslijn met donkere klanken, kun je af en toe een accent schrijven op een heldere klank, zoals *bah*, *dah* of *peh*:

BACKBEAT

Bij het zingen van een lopende bas kun je een subtiele backbeat toevoegen, door de noten op de tweede en vierde tel te beginnen met een *t* en door ze een klein accent te geven:

OP TEKST

Een baslijn op tekst werkt over het algemeen niet zo goed. Doordat de klinkers en medeklinkers steeds wisselen, mist hij de donkere kleur en de felle attack. Een groovy baslijn kan op tekst zelfs ronduit knullig klinken:

Eenvoudige bastechnieken

Een baslijn hoeft niet ingewikkeld te zijn. Hij kan eenvoudigweg bestaan uit de grondtonen van de akkoorden op lange noten. Je creëert op die manier een rustige feel en er blijft veel ruimte over voor de andere stemmen:

WISSELBAS

Een veelgebruikte bastechniek is de wisselbas. Daarbij speel je van elk akkoord afwisselend de grondtoon en de kwint, te beginnen met de grondtoon. De wisselbas komt veel voor in oude jazz en in pop uit de jaren '60 en '70, maar ook bijvoorbeeld in levensliederen. Hier is als voorbeeld de brug van *Nice work if you can get it* van Gershwin:

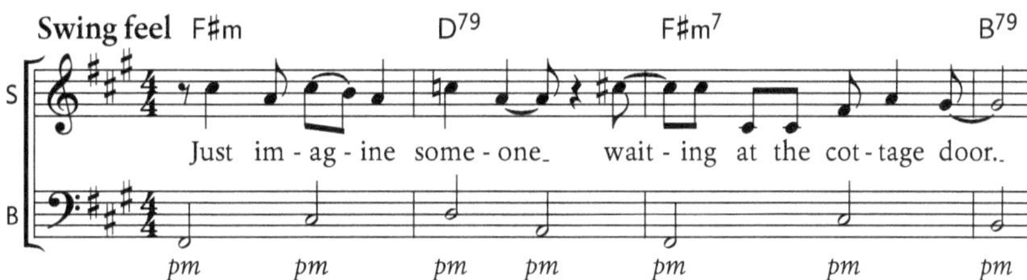

Een basstem die een wisselbas zingt op korte noten kan eventueel ook nog de backbeat laten klinken:

HERHALING

De bas kan ook de grondtoon van de akkoorden herhalen in een ritmisch patroon. Zo'n soort baslijn kom je vooral tegen in de popmuziek:

Walking bass en latin-bas

Een soort baslijn die in de jazz veel wordt gebruikt is de lopende bas. Daarin speel je alsmaar doorgaande kwarten in een vierkwartsmaat. Door de regelmaat van het ritme ontstaat een prettige cadans. Een lopende bas klinkt goed als je sprongen afwisselt met stijgende en dalende secunde-loopjes.

Op de momenten waarop de harmonie wisselt, moet je de nieuwe grondtoon spelen. Daarna hoort op elke eerste en derde tel van de maat een akkoordtoon te klinken. Op de overige tellen ben je vrij in je keuze van noten:

Het klinkt mooi om – als de harmonie verandert – een chromatisch stap te maken naar de nieuwe grondtoon. In het bovenstaande fragment gebeurt dat bij alle akkoordovergangen: de *re* lost chromatisch op naar *do kruis*, de *sol* naar *fa kruis*, enzovoort.

LATIN

In latin-stijlen zijn baslijnen veelal opgebouwd uit grondtonen en kwinten. Dat doet dus denken aan de wisselbas van de vorige pagina, maar in latin zijn de ritmes complexer. Hieronder staat als voorbeeld *Embraceable you*, gearrangeerd in bossa nova-stijl:

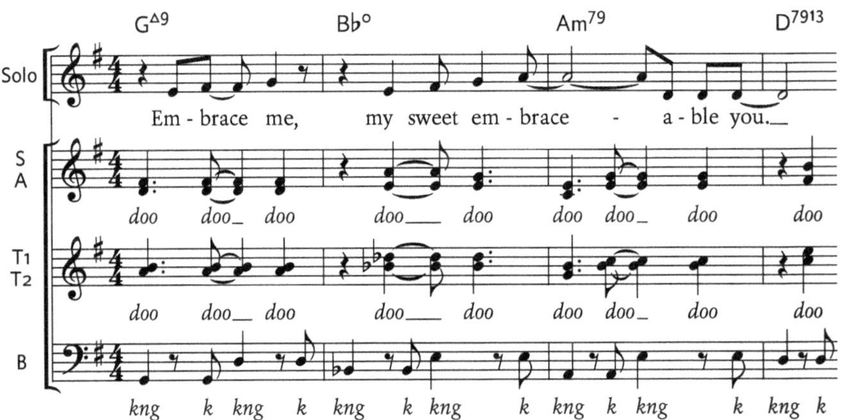

Hoofdstuk 7

De opbouw van een arrangement

Dit hoofdstuk gaat over de vorm van arrangementen, oftewel de opbouw ervan.

Bij het bewerken van een popnummer kun je vaak de vorm overnemen van het origineel. Meestal is die afwisselend en heeft die een goede spanningsboog. Wel is het zo dat een popsong geregeld langer dan vier minuten duurt en dat is aan de lange kant voor een vocaal arrangement. In zo'n geval doe je er goed aan om het nummer in te korten, bijvoorbeeld door een gitaarsolo weg te laten of door het refrein minder vaak te herhalen.

Als je jazz arrangeert, moet je meestal zelf een goede vorm bedenken. In een jazznummer komen namelijk vaak lange instrumentale solo's voor en die kun je niet eenvoudig vertalen naar stemmen.

De vorm van een jazz standard

Een typerende opbouw voor een jazz standard is de AABA-vorm. Daarin zijn er vier delen, waarvan het eerste, tweede en vierde dezelfde melodische opbouw hebben. Een voorbeeld van een nummer AABA-vorm is *Let's call the whole thing off*:

Een andere vorm die regelmatig voorkomt is de ABAB-vorm, zoals in *Fascinating rhythm*:

Oudere jazz standards hebben vaak ook nog een inleiding, verse genoemd (niet te verwarren met het couplet in popnummers dat in het Engels ook zo wordt aangeduid). In *Let's call the whole thing off* begint die als volgt:

Het verse is meestal muzikaal wat minder interessant dan de rest van het nummer. Veel muzikanten laten het daarom achterwege bij uitvoeringen. Maar in een arrangement kan het van pas komen om voldoende afwisseling te creëren.

De vorm van een jazz-arrangement

Een AABA- of ABAB-vorm van een jazz standard heet een chorus. Het is de bouwsteen van een jazznummer. Vaak duurt het niet langer dan een minuut. Daarom spelen muzikanten het een paar keer achter elkaar, waarbij er het nodige wordt geïmproviseerd. Een uitvoering van een jazz standard door een zanger met combo ziet er dan bijvoorbeeld als volgt uit: eerst doet de zanger een chorus op tekst, daarna volgen improvisaties (bijvoorbeeld door een blazer en de pianist) en aan het einde komt de zanger nog even terug.

In een vocaal jazz-arrangement komt het chorus meestal meer dan één keer voor. Omdat er daarbinnen al de nodige herhaling zit, bestaat het gevaar dat het geheel eentonig wordt. Je doet er dus goed aan om ze zo verschillend mogelijk te maken.

Je kunt het chorus eerst eenstemmig laten zingen – door een solist of door een stemgroep – en daarna meerstemmig. De afwisseling is het grootst als je de toonsoort verandert. In het voorbeeld hieronder zingt de bas het eerste chorus in D en zingen alle zangers samen het tweede in F:

IMPROVISATIE

Een andere manier om variatie in je arrangement te creëren, is door een improvisatie op te nemen, bijvoorbeeld door de pianist. Schrijf voor de zangers in zo'n geval begeleidende akkoorden of accenten, zodat ze voldoende aan bod komen. Je kunt ook in plaats van een instrumentalist een zanger laten soleren. Hou er echter rekening mee dat het zingen van een scat erg moeilijk is. Het is maar weinig amateurs gegeven om daar iets interessants van te maken.

UITGESCHREVEN SCAT

Nog een idee voor een afwisselende opbouw is om een eerste chorus te laten zingen op tekst en daarna een tweede op klanken. Het gaat dan in wezen om een uitgeschreven scat-improvisatie die meerstemmig is gemaakt:

Jazz- eindes

Een jazz standard mist vaak een pakkend einde. In zo'n geval moet je dus zelf een goed slot schrijven. Op deze pagina staan daarvoor drie technieken. In de voorbeelden is steeds uitgegaan van *I got rhythm* van Gershwin.

Je kunt aan het slot van een nummer de melodie verbreden. In het onderstaande fragment klinkt *ask for anything more* eerst op de gewone manier en daarna nog eens twee keer zo langzaam:

HARMONISCHE VARIATIE

Een andere manier om een einde te creëren, is door een gedeelte van de melodie te zingen op andere akkoorden dan gebruikelijk:

In het schema komt er eigenlijk na A^7 en D^7 het akkoord G^6. Maar in dit geval is dat vervangen door $C\#m^{7b5}$ en C^7. Daarna klinkt de regel nogmaals, maar dan met de gebruikelijke harmonieën.

JAZZSLOT

Je kunt ook als einde één van de vele slotformules uit de jazz gebruiken:

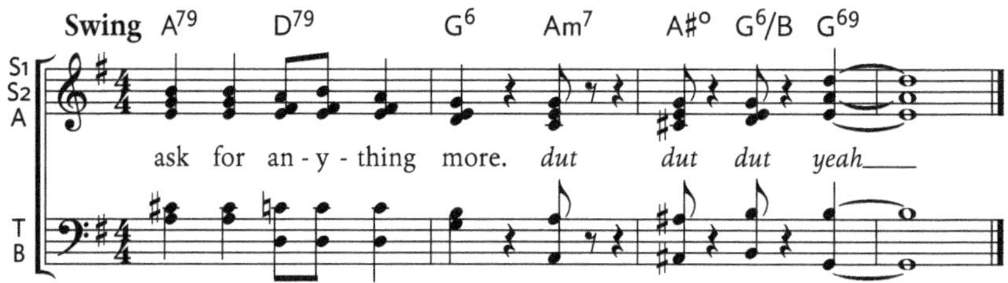

De vorm van een popnummer

Popnummers hebben vaak de volgende opbouw (c staat voor couplet en r voor refrein):

INTRO – C^1 – C^2 – R – C^3 – R – (BRIDGE) – (SOLO) – R – R – SLOT

De bridge is een gedeelte met een andere melodie dan het couplet en refrein. De solo is vaak voor gitaar. Omdat een popnummer veel verschillende elementen heeft, kun je in een arrangement veelal de opbouw van het origineel overnemen.

VARIATIE

Het creëren van voldoende afwisseling kost bij het arrangeren van een popnummer minder hoofdbrekens dan bij jazz. Een popnummer heeft meestal in de originele versie al een goede opbouw. De coupletten onderscheiden zich van elkaar, omdat de teksten verschillend zijn. Wel heb je daarin vaak behoefte aan nog wat meer variatie. Je kunt dan bijvoorbeeld het eerste couplet eenstemmig maken en het tweede meerstemmig. Je kunt ook in het tweede couplet een extra melodische lijn introduceren of de groove intenser maken.

Stel dat je *Penny Lane* arrangeert. Het eerste couplet kun je laten zingen door alleen solo en bas, omdat die samen al boeiend klinken. In het tweede couplet kun je in de begeleiding liggende akkoorden schrijven:

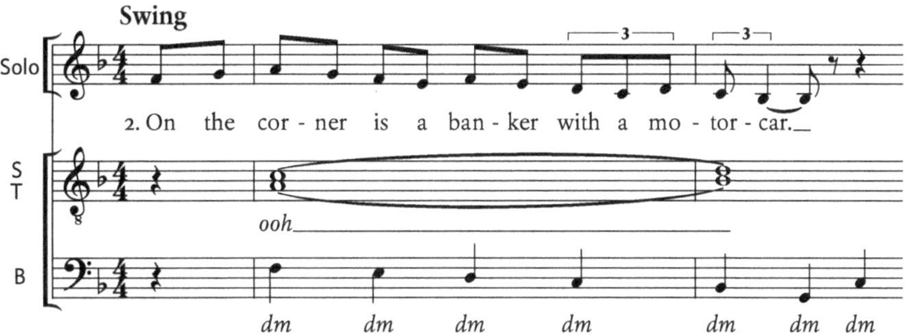

Verderop in het derde couplet kun je de begeleidende stemmen een meer opvallende rol geven, bijvoorbeeld in een hogere ligging, met een tegenmelodie of met tekstherhaling:

Popeindes

Popnummers die in de studio zijn opgenomen eindigen vaak met een fade-out, dat wil zeggen dat de muziek langzaam wegsterft. Als je met je vocale group een cd opneemt, kun je ook zo'n slot creëren. Maar voor een live uitvoering is het ongeschikt en moet je een alternatief bedenken. Neem als voorbeeld *Hey Jude* van The Beatles-, waarin de volgende maten herhaald worden met fade-out:

Het bedenken van een goed slot voor dit nummer valt nog niet mee. Hieronder staan daarvoor wat ideeën.

Eén van de mogelijkheden is om unisono een luide afsluiting te zingen:

Je kunt ook een verrassende harmonie schrijven om het einde in te luiden. Vóór het slotakkoord kun je bijvoorbeeld Ab en F^9 laten zingen:

Nog een idee is om aan het slot lange, liggende akkoorden te schrijven in plaats van de melodie:

Kies je beste ideeën

Beginnende arrangeurs hebben de neiging om zoveel mogelijk ideeën in een arrangement te stoppen. Ze zijn bang dat het saai wordt als er niet elke paar maten iets interessants gebeurt. Maar het is niet zo dat muziek mooier wordt naarmate er meer ideeën in staan. De werking van een goed idee kun je zelfs teniet doen door er te veel andere elementen naast te zetten. Kies dus je beste ideeën, werk die uit en voeg niet te veel tierelantijnen toe. Er geldt hier zoals in veel disciplines: less is more.

OVERBRENGEN

Vraag jezelf af als je een nummer gaat arrangeren wat jou erin aantrekt en wat je over wilt brengen. Is dat de pakkende melodie, de fraaie harmonie of de tekst? Of zit dat hem in de algemene sfeer of de groove van het nummer? Hieronder staat een aantal mogelijkheden.

Een mooie tekst Als je onder de indruk bent van de tekst van een nummer, moet die in het arrangement goed verstaanbaar zijn. Schrijf in zo'n geval niet te veel tegenmelodieën of houd zelfs alle stemmen homofoon.

Een fraaie melodie Als je vooral de melodie over wilt laten komen, moet je juist niet homofoon schrijven, omdat de verschillende partijen dan versmelten. Het klinkt mooi om de melodie in octaven te schrijven, bijvoorbeeld in sopraan en tenor. Daardoor wint die aan warmte en zeggingskracht. Houd de begeleiding rustig, zodat de aandacht niet wordt afgeleid van de melodie.

Een groove of een feestelijke sfeer Als je wilt dat de luisteraar geniet van de lekkere feel van een nummer, heb je een sterke baslijn nodig. In een a capella-arrangement moet je dus in ieder geval een aparte basstem schrijven. Zorg dat de partijen op een goede hoogte liggen om ze prettig te zingen.

Een pakkend loopje Soms ben je gecharmeerd van een basloopje of een instrumentale melodie. Om een voorbeeld te geven: *Sir Duke* van Stevie Wonder heeft een heerlijke blazerslijn na het refrein die je als uitgangspunt voor een arrangement zou kunnen nemen. Als je zo'n nummer arrangeert, zorg er dan voor dat die noten op een goede hoogte liggen.

Een verstilde sfeer Als je een breekbare sfeer wilt neerzetten, werkt het goed om weinig noten te schrijven en de harmonieën niet helemaal in te vullen. Eén mooie lange toon kan al heel indrukwekkend zijn:

Kleine variaties zijn moeilijk te onthouden

Solozangers maken bij het uitvoeren van een nummer voortdurend kleine variaties en versie-ringen. Zo houden ze de melodie levendig. In een arrangement wil je ook vaak de coupletten net iets verschillend maken om afwisseling te creëren. Hou er echter wel rekening mee dat kleine variaties vaak lastig zijn om te onthouden.

Neem als voorbeeld de volgende fragmenten van *She's leaving home*:

In deze drie coupletten zitten kleine ritmische verschillen. Het ritme op *into her dressing gown* in het tweede couplet volgt logisch uit de tekst en is daarom gemakkelijk te onthouden. Maar het eerste en derde couplet zijn ritmisch anders, terwijl ze tekstueel sterk op elkaar lijken. Dit soort verschillen zijn lastig te onthouden en kunnen leiden tot hardnekkige vergissingen. Als ar-rangeur moet je de afweging maken of het vergroten van de variatie opweegt tegen de nadelen ervan.

Voor harmonische variaties geldt hetzelfde. Hieronder staat de brug van *Here, there and every-where* twee keer met iets verschillende noten. Voor de drie onderste stemmen is er een miniem verschil tussen beide versies:

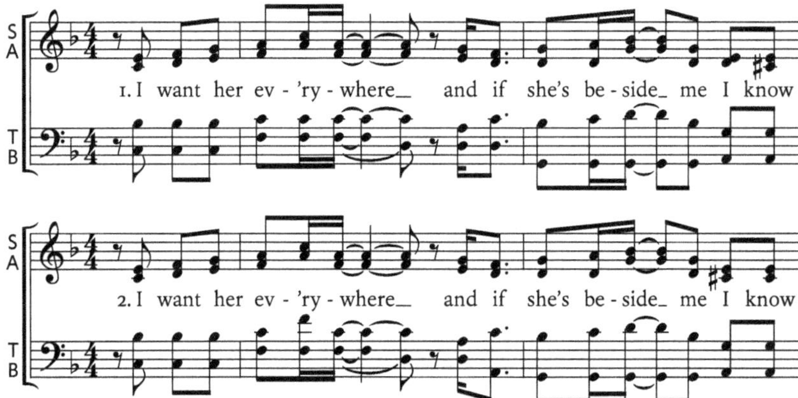

Als je dit soort kleine variaties in één arrangement schrijft, zullen de zangers zich snel vergissen in de noten, zeker als ze uit het hoofd zingen.

Notatie

Dit hoofdstuk gaat over het maken van een begrijpelijke en correcte partituur. De belangrijkste conventies op het gebied van ritmische en harmonische notatie komen aan bod en je krijgt tips over notatiesoftware en het afbreken in het Engels.

Als je een arrangement op een goede manier noteert, gaat de muziek weliswaar niet mooier klinken, maar laat je het instuderen ervan wel aangenamer en vlotter verlopen.

Indeling van de partituur

De gebruikelijke opbouw van een koorpartituur met begeleiding is als volgt. De stemmen staan bovenaan, te beginnen met eventuele solopartijen. Daaronder komt de piano. Als er een instrumentale baspartij is, zet je die weer daaronder. De akkoordsymbolen kun je het beste tussen de piano en de bas zetten, want die zijn voor beide partijen relevant. Een eventuele drumpartij schrijf je helemaal onderaan:

In uitgebreide partituren is het praktisch om vooraan elk systeem de namen van de instrumenten te vermelden. In arrangementen met minder dan tien balken is dat echter niet nodig.

Bij het begin van nieuwe gedeeltes kun je rehearsal marks zetten (Engels voor repeteerletters). Dat zijn de grote, vetgedrukte letters, zoals de C in het voorbeeld hierboven. In een repetitie is het prettig werken met rehearsal marks, want ze vallen goed op en staan precies op de plek waar je de muziek op wilt pakken.

In een partituur kun je ruimte besparen door alle koorpartijen samen te nemen op twee balken. Maar als de partijen niet homofoon zijn, worden ze daardoor al snel lastig om te lezen. Een ander nadeel is dat je vanuit de partituur minder makkelijk midi's kunt maken voor de afzonderlijke stemmen.

Toonsoorten en voortekens

Musici met een klassieke achtergrond schrikken er vaak voor terug om muziek in een andere toonsoort uit te voeren dan het origineel. In de klassieke muziek dicht men namelijk verschillende karakters toe aan de toonaarden. In de lichte muziek echter ziet men die als min of meer gelijkwaardig. Als het nodig is – om wat voor reden dan ook – om een nummer hoger of lager uit te voeren, doen muzikanten dat zonder aarzelen. De hoogte is afhankelijk van de wensen van de solist en het gemak waarmee de instrumentalisten hun partijen spelen. Als je een nummer arrangeert, kun je dus elke toonsoort kiezen die je goeddunkt.

MINEUR MET GROTE SEXT

Sommige melodieën lijken noch in majeur noch in mineur te staan. Het gaat dan bijvoorbeeld om een ladder met een grote terts waarin een kleine septiem voorkomt in plaats van een grote. Of er wordt een kleine terts gebruikt naast een grote sext. Dat laatste zie je terug in *Eleanor Rigby* van The Beatles. Die melodie volgt de toonladder van mi klein, maar dan met een *do kruis* in plaats van een *do*:

Je kunt in de verleiding komen om deze melodie te noteren in twee kruisen, zodat de *do kruis* deel uitmaakt van de voortekens. Toch kun je dat beter niet doen, want de zangers verwachten dan de toonsoort re groot of si klein.

HERSTELLING TUSSEN HAAKJES

Als er in een partij een verhoging of een verlaging staat, geldt die voor de hele maat. Daarna is de toon weer hersteld. Zangers zien dat echter gemakkelijk over het hoofd. Je kunt ze helpen door het in de partituur expliciet aan te geven als een voorteken opgeheven wordt. In het Engels heet zo'n voorteken een courtesy accidental (een beleefdheidsvoorteken dus). Neem als voorbeeld de B-gedeelte van *Let's call the whole thing off*:

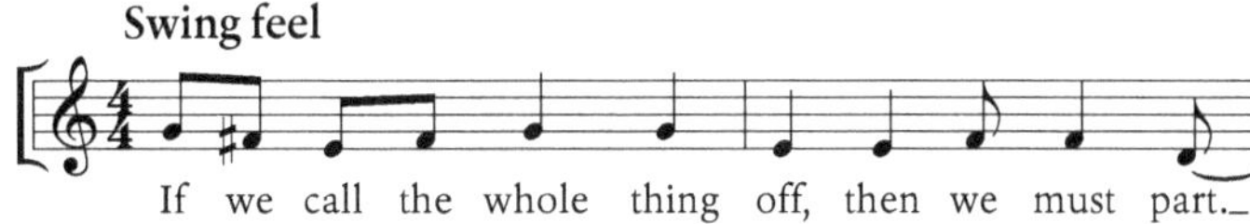

In de tweede maat is de *fa kruis* hersteld tot een *fa*. Je kunt daar dan tussen haakjes een herstellingsteken bij zetten:

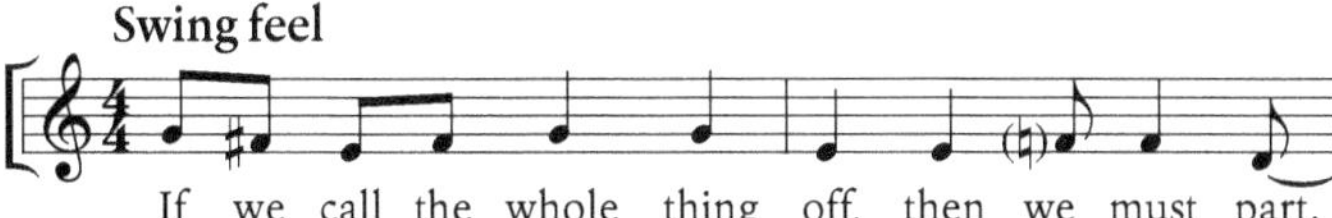

Begrijpelijke harmonieën

Een toon die niet in de toonladder zit, kun je op verschillende manieren benoemen. Bijvoorbeeld, in de toonsoort do groot klinkt *la mol* hetzelfde als *sol kruis* en *mi mol* hetzelfde als *re kruis*. Bij het benoemen van zulke noten, kun je kijken naar de melodische context, dat wil zeggen naar wat ervoor en erna staat. Bij het arrangeren van close harmony is het echter beter om uit te gaan van de harmonische context, omdat het belangrijk is dat de zangers de akkoorden kunnen begrijpen.

Kijk eens naar het onderstaande fragment van *Yesterday*:

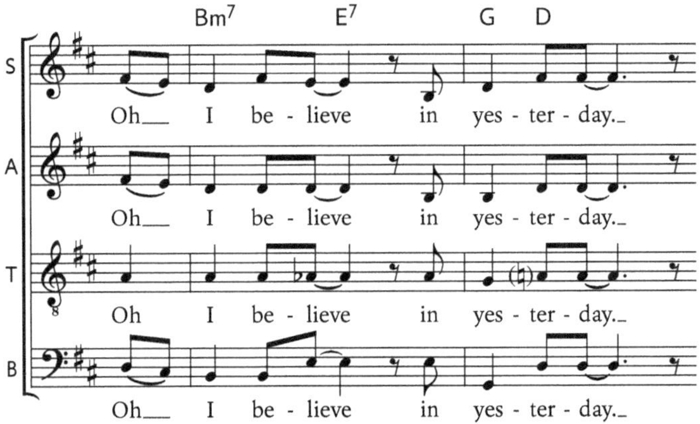

De tenor zingt hier een dalende chromatische lijn. Vanuit melodisch oogpunt is het logisch om de noot tussen *la* en *sol* als een *la mol* te noteren. Maar harmonisch gezien is dat geen goede keuze. De tenor zingt op dat punt de terts in het akkoord E^7. In de context van die harmonie is *la mol* een onzinnige noot. Je kunt dus beter een *sol kruis* schrijven. De zangers doorzien dan sneller welke noot ze in de harmonie zingen.

Hieronder staat een vergelijkbaar voorbeeld, ditmaal uit de jazz. In de alt staat in de tweede maat een *do kruis*. Melodisch gezien ligt dat voor de hand, omdat er daarna een *re* volgt. Maar die toon is de terts in het akkoord Bbm^6. Je kunt de *do kruis* dus beter schrijven als *re mol*:

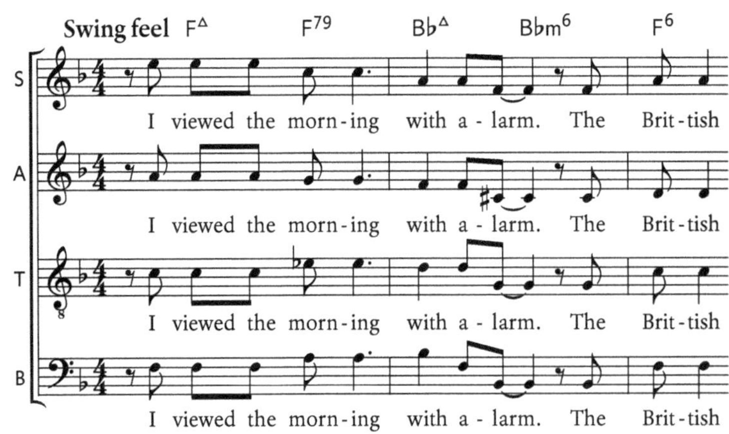

Waardestrepen en syncopen

Waardestrepen gebruik je om noten met korte waarden te groeperen. Binnen elke tel horen de noten waar mogelijk verbonden te zijn, zodat goed zichtbaar is waar de tellen vallen:

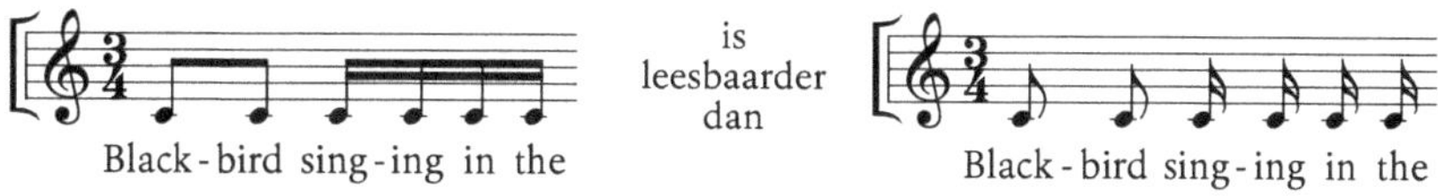

Achtste noten in een vierkwartsmaat vormen een uitzondering op deze regel. Die mag je ook per twee tellen verbinden in plaats van per tel:

NOTATIE VAN SYNCOPEN

Syncopen zijn lastig om van blad te lezen. Daarom is het gebruikelijk dat je die op zo'n manier schrijft dat de tel erna zichtbaar is. Anders gezegd, een syncope noteer je met een overbinding:

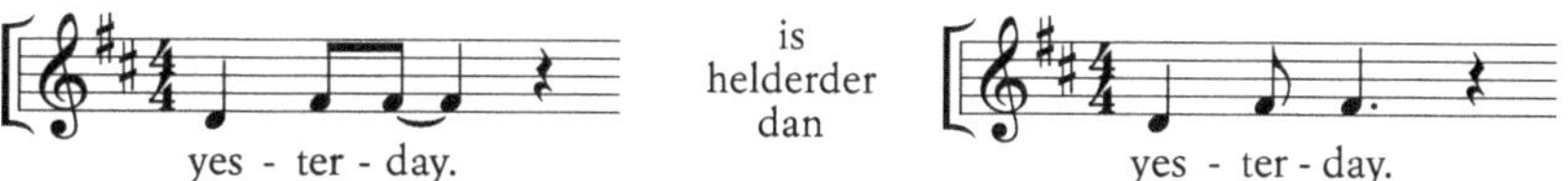

Ook hier maak je een uitzondering voor achtste noten in een vierkwartsmaat. Als je in 4/4 een syncope schrijft van een achtste voor de tweede of vierde tel, hoor je de syncope niet op te delen. Je kunt het ook zo formuleren: de tweede en de vierde tel hoeven niet zichtbaar te zijn bij syncopen van achtste noten:

Voor alle duidelijkheid: de derde tel moet dus bij syncopen wel altijd zichtbaar zijn.

Hoe belangrijk het is om syncopen met een overbinding te noteren, blijkt uit het volgende voorbeeld waarin een zestiende-syncope voorkomt. In de rechterversie is er geen overbinding gemaakt naar de derde tel. Daardoor zie je niet goed waar die tel begint en waar de daaropvolgende noten vallen:

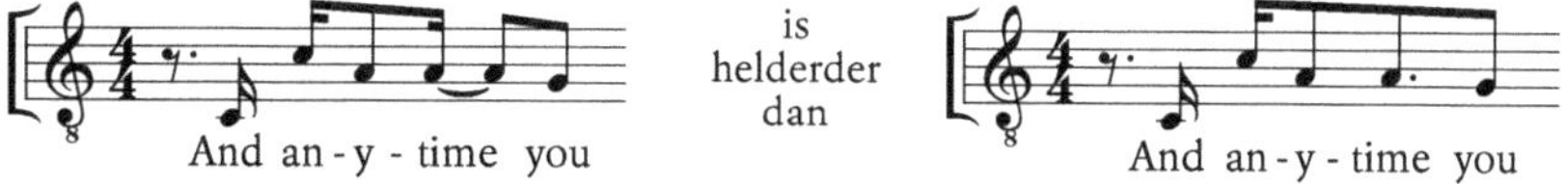

Notatie van swing feel

Op pagina 22 is uitgelegd hoe je swing feel op een juiste manier kunt noteren:

In arrangementen van klassiek opgeleide muzikanten kom je nog weleens de ouderwetse manier tegen om *swing feel* aan te duiden:

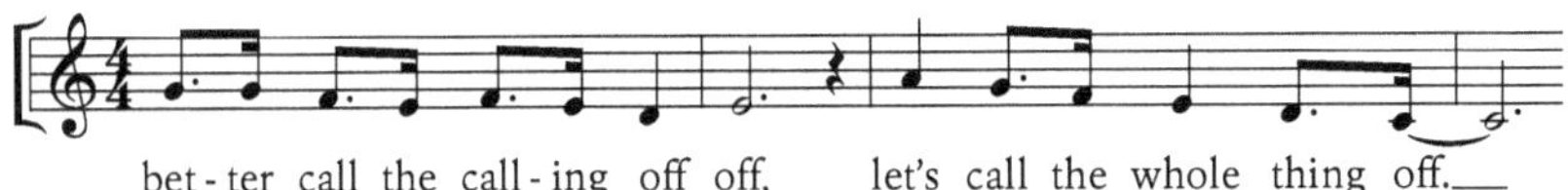

Deze manier van noteren is niet aan te raden. Het ritmische figuur – een gepunteerde achtste gevolgd door een zestiende – ziet er misschien ongeveer uit als swing feel, maar klinkt toch wezenlijk anders.

STRAIGHT EIGHTHS

Om aan te geven dat je noten niet langer met swing feel moet zingen, gebruik je de aanduiding straight eighths (rechte achtsten in het Nederlands) of kortweg straight:

SWING SIXTEENTHS

In soul en R&B komt het regelmatig voor dat swing feel niet op de achtste noten betrekking heeft, maar op de zestiende. Elke achtste noot verdeel je dan onder in een lange en een korte zestiende. Deze manier van uitvoeren heet uneven sixteenths of swing sixteenths. Hieronder staat als voorbeeld *Fascinating rhythm* gearrangeerd met die feel (en niet zoals gebruikelijk met swing eighths):

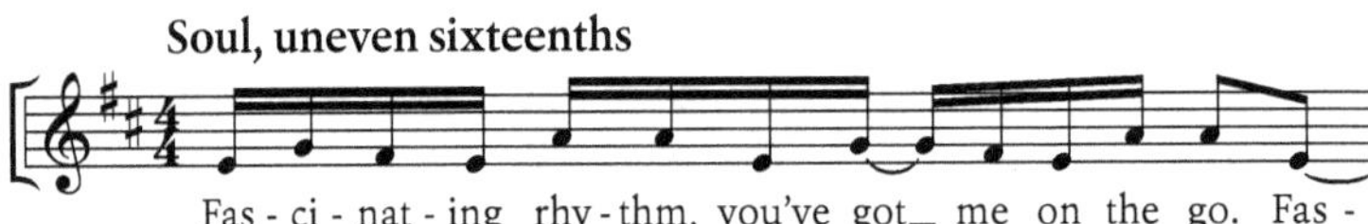

Deze noten voer je dus als volgt uit:

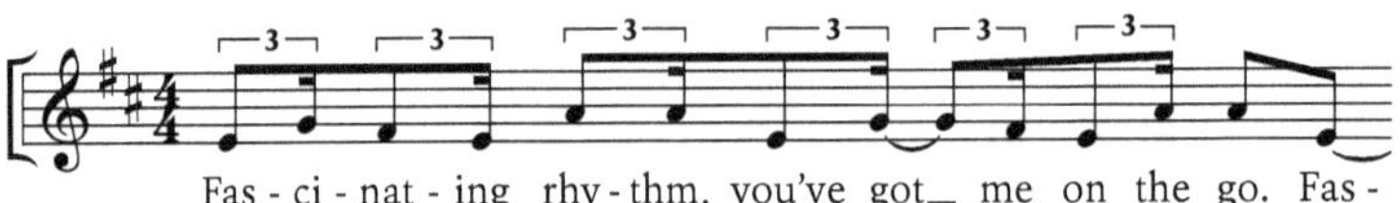

Tekst

Meerdere noten op één lettergreep hoor je te verbinden met een legatoboog:

Als het gaat om de laatste lettergreep van een woord, moet je de tekst bovendien verlengen met een lijn:

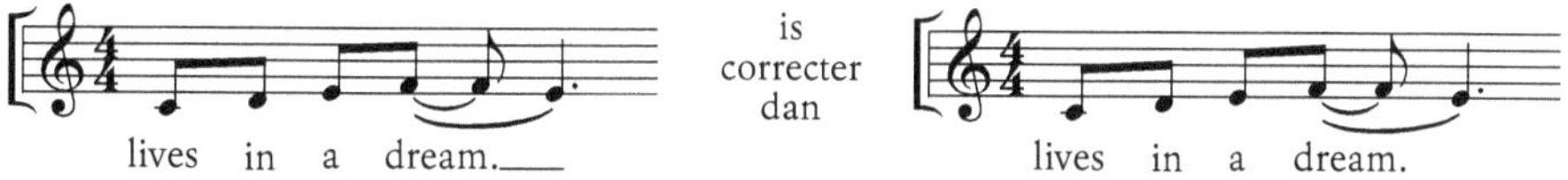

Het noteren van zowel een legatoboog als een woordverlenging is eigenlijk dubbelop, maar draagt wel bij aan de leesbaarheid van de partijen.

AFBREKINGEN IN HET ENGELS

Het afbreken van woorden gaat in het Engels anders dan in het Nederlands. Er zijn tal van woorden die je op een voor ons vreemde manier afbreekt, zoals *eas-y, ev-er, oth-er, man-y, mem-o-ry, im-ag-ine, mir-a-cle, no-bod-y, heav-en*, enzovoort. Omdat afbrekingen in het Engels onregelmatig zijn, moet je ze opzoeken in een woordenboek, bijvoorbeeld online op *www.dictionary.com*. Een alternatief is een hyphenator tool zoals te vinden is op *www.juiciobrennan.com*, die een tekst in zijn geheel van afbreekstreepjes kan voorzien.

Ook het afbreken van werkwoorden gaat in het Engels op een andere manier. Je haalt daarbij de stam van het werkwoord los van de uitgang. Bijvoorbeeld, het woord *living* breek je niet af als *li-ving*, maar als *liv-ing*:

KLANKEN CURSIEF

Ten slotte nog een kleine tip. Een partij waarin tekst én klanken voorkomen, kan er verwarrend uitzien. Als je de klanken cursief maakt, zijn ze gemakkelijker te onderscheiden van de tekst:

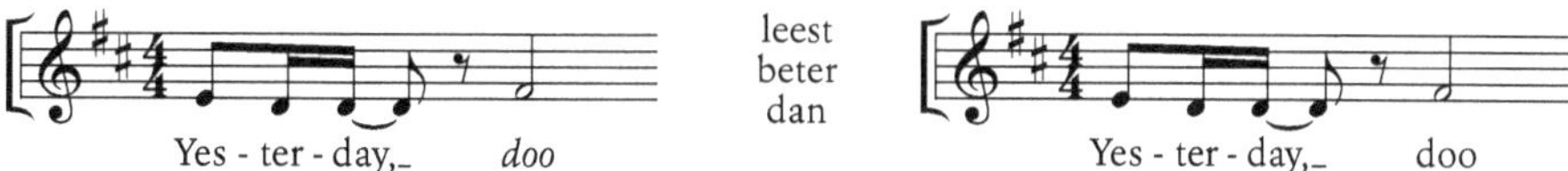

Deze manier van noteren is in dit boek ook toegepast.

Articulaties uit de jazz

In jazzarrangementen gebruik je specifieke effecten en versieringen. Op deze pagina komen er drie aan bod, namelijk shakes, fall-offs en scoops.

De shake is een versiering die je veel toepast op slotakkoorden. Het is een triller die langzaam begint en daarna versnelt. Het interval ervan is meestal een stijgende hele secunde of een kleine terts. Voor deze versiering bestaat geen symbool. Je geeft hem eenvoudigweg aan door 'shake' boven de noot te zetten:

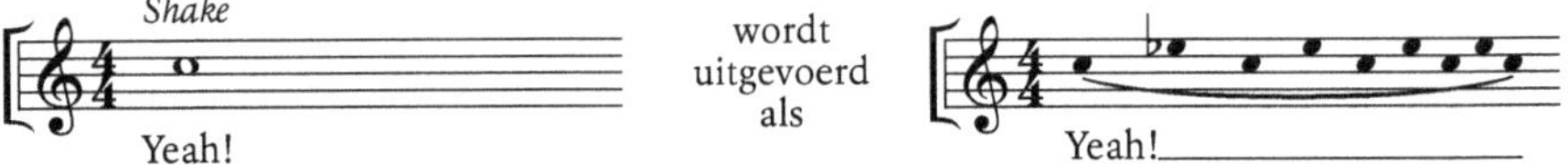

FALL-OFF

Een ander effect uit de jazz is de fall-off. Hierbij laat je de toonhoogte aan het einde van een noot 'vallen' terwijl de toon snel wegsterft. De fall-off klinkt met name goed als je hem uitvoert met meerdere stemmen in een jazzy samenklank:

SCOOPS

In de lichte muziek neem je noten regelmatig 'van onderen'. Dat wil zeggen dat je ze bewust te laag inzet en daarna snel optrekt naar de juiste toonhoogte. Zo'n effect heet een scoop of een lift. De meeste arrangeurs geven de articulatie aan met een schuin streepje boven of onder de noot:

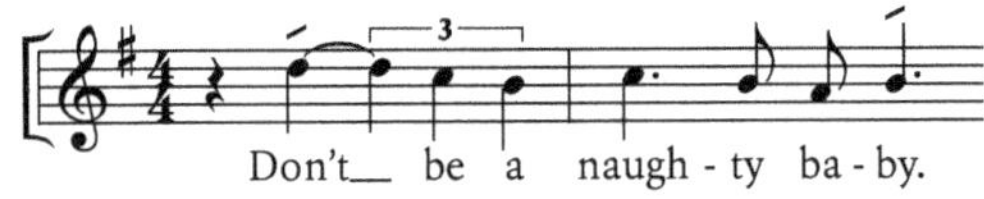

Een alternatieve manier van noteren die iets prettiger leest, is met een schuin streepje vóór de noot:

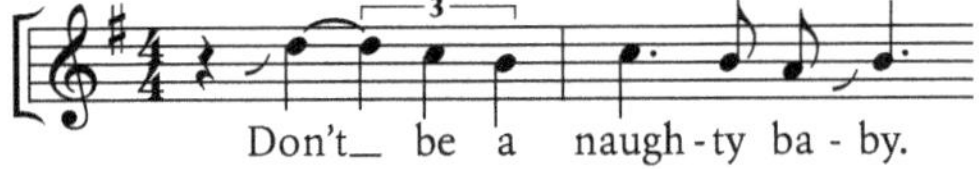

Muzieknotatie op de computer

Als je een arrangement mooi wilt vormgeven, kun je daarvoor een muzieknotatiepakket gebruiken. De twee beste programma's daarvoor zijn Finale en Sibelius. Finale is jarenlang de toonaangevende software geweest, maar tegenwoordig wordt Sibelius gezien als het meest gebruiksvriendelijk.

Deze programma's zijn behoorlijk duur. Van beide bestaan gelukkig goedkopere varianten die prima bruikbaar zijn voor het maken van eenvoudige vocale arrangementen.

TERMINOLOGIE

Sibelius en Finale zijn Engelstalig. Om de programma's te gebruiken, moet je dus de Engelse muziektermen kennen. Hieronder staat daarvoor een woordenlijst met de belangrijkste begrippen:

Aanduiding *Expression*	Overbinding *Tie*
Achtstenoot *Eighth note*	Partij *Part*
Accolade *Brace*	Partituur *Score*
Afbreking *Hyphen*	Punt *Augmentation dot*
Afspelen *Playback*	Rust *Rest*
Alla breve *Cut time*	Sleutel *Clef*
Akkoord *Chord*	Spatiëren *Spacing*
Antimetrisch figuur *Tuplet*	Stem *Voice*
Articulatie *Articulation*	Stok *Stem*
Couplet *Verse*	Systeem *System*
Haak *Bracket*	Tekst *Lyrics*
Herhaling *Repeat*	Tekstverlenging *Word extension*
Herstellingsteken *Natural*	Tel *Beat*
Hulplijn *Ledger line*	Toonhoogte *Pitch*
Kruis *Sharp*	Toonladder *Scale*
Laag *Layer*	Toonsoort *Key signature*
Legatoboog *Slur*	Transponeren *Transpose*
Maat *Measure, bar*	Triool *Triplet*
Maatnummer *Measure number*	Vierkwartsmaat *Common time*
Maatsoort *Time signature*	Vlag *Flag*
Maatstreep *Barline*	Voorslag *Grace note*
Mol *Flat*	Voortekens *Accidentals*
Notenbalk *Staff (meervoud: staves)*	Waardestreep *Beam*

AABA-vorm   Meest gangbare vorm van een jazz standard.

A capella   Zang zonder instrumenten. De term is afkomstig uit het Latijn en betekent letterlijk in de kerk (eeuwenlang mocht men daar geen instrumenten bespelen). In de vs gebruikt men deze term om alle lichte vocale muziek mee aan te duiden, zowel met als zonder begeleiding.

Afterbeat   Term die men in het Nederlands gebruikt om de backbeat mee aan te duiden. In het Engels hanteert men dit begrip nauwelijks.

Akkoordenschema   Akkoorden van een nummer.

Alteratie   Verhoging of verlaging van een toon. Deze kan betrekking hebben op een toon uit een toonladder of uit een akkoord.

Alternating bass   Engelse term voor wisselbas.

Arpeggio   Akkoord waarvan de tonen vlak na elkaar beginnen, meestal gespeeld van laag naar hoog:

Attack   De manier waarop een toon begint.

Backbeat   Accenten op de tweede en vierde tel van een vierkwartsmaat, meestal gespeeld op hihat of snare drum:

Backing vocals   Achtergrondkoortje in een band.

Basnoot   Laagste noot van een akkoord.

Beatbox   Afkorting voor human beatbox.

Blokakkoorden   Techniek uit de jazz, waarbij vier of vijf stemmen compacte akkoorden maken. De eenvoudigste versie is voor vier stemmen die steeds verschillende noten hebben binnen een octaaf:

Block chords Engels voor blokakkoorden.

Bridge Engels voor brug.

Brug ❶ In een popnummer is dit het nieuwe gedeelte dat na een paar coupletten en refreinen komt. ❷ In een jazznummer is dit het B-gedeelte van een AABA-vorm.

Chorus ❶ Engels voor refrein. ❷ In een jazznummer is dit de AABA- of AABA-vorm.

Chromatiek Meerdere halve tonen na elkaar in dezelfde richting:

Close harmony ❶ Meerstemmige zang waarin de stemmen dicht bij elkaar liggen. ❷ In Nederland gebruikt men dit ook als verzamelterm voor alle soorten lichte vocale muziek.

Dim-akkoord Mineurakkoord met een verminderde kwint en een sext (of om precies te zijn een verminderde septiem). De verkorte schrijfwijze is een rondje:

Diminished Engels voor verminderd.

Dominantakkoord Majeurakkoord op TRAP V, dat op wil lossen naar TRAP I.

Dominant septiemakkoord Een majeur akkoord op TRAP V met een septiem, dat op wil lossen naar TRAP I:

Dominant-functie Akkoord dat op wil lossen naar TRAP I.

Eengestreept Het octaaf vanaf de centrale *do* tot de *si* daarboven. Deze noten geef je aan met *do'-si'* of met do^1-si^1:

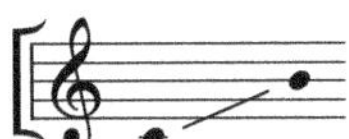

Fall-off Jazzversiering waarbij de toonhoogte aan het eind van de noot naar beneden valt. Je noteert deze articulatie met een dalende lijn:

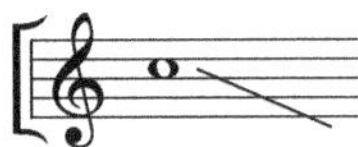

Freely   Engelse aanduiding voor rubato.

Gebroken drieklank   Arpeggio.

Grondligging   Meestgebruikte ligging van een akkoord, waarbij de laagste noot (de bas-noot) de grondtoon is.

Groot octaaf   Het octaaf onder het klein octaaf. Deze noten duid je aan met hoofdletters, dus met DO-SI:

Grote septiem   Term uit de klassieke muziek voor een majeur-septiem.

Groove   Het ritmische karakter van een nummer.

Halfverminderd septiemakkoord   Mineurakkoord met een septiem en een verminderde kwint. De verkorte schrijfwijze hiervoor is een rondje met een streep erdoor:

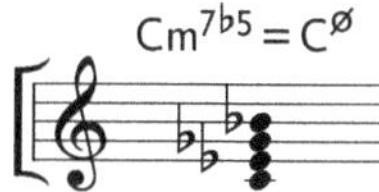

Homofoon   Als stemmen dezelfde tekst zingen op hetzelfde moment, maar op verschillende toonhoogtes:

Human beatbox   Imiteren van drums of percussie met de stem. Deze term is afkomstig uit de hiphop. In de a capella-wereld noemt men dit vocal percussion.

Jazz standard   Veelgespeeld nummer uit de jazz.

Jazz waltz   Nummer in een driekwartsmaat met swing feel.

Klanken   In de vocale lichte muziek zijn dit de betekenisloze woorden in zangpartijen.

Klein octaaf   Het octaaf direct onder de centrale *do*. Deze noten duid je aan met kleine letters, dus *do–si*:

Kleine septiem   Term uit de klassieke muziek voor een (gewone) septiem.

Kleuren   Naar elkaar kleuren houdt in dat de stemmen elkaars timbre overnemen.

Kruis-negen Toevoeging die een kleine terts (of, om precies te zijn, een overmatige secunde) boven het octaaf ligt. Deze komt alleen voor in een majeurakkoord en combineer je bijna altijd met een septiem:

Kwintparallel Als twee stemmen die een reine kwint van elkaar liggen dezelfde beweging maken:

Lead Engelse term voor de melodie van een nummer of voor de persoon die de melodie zingt.

Lead sheet De bladmuziek van een nummer, bestaande uit de melodie met de tekst eronder en de akkoorden erboven.

Legatoboog ❶ Boog die aangeeft dat je noten legato moet spelen. ❷ In vocale muziek is dit de boog die noten verbindt die je op één lettergreep zingt:

Leidtoon Terts in een dominantakkoord. Volgens de klassieke harmonieleer moet een leidtoon waar mogelijk naar boven oplossen.

Lift Alternatieve term voor een scoop.

Ligging De manier waarop de tonen van een akkoord verdeeld zijn over de stemmen. De toon die onderin ligt, bepaalt of het een grondligging is of een omkering. De stemmen daarboven bepalen of het een nauwe of wijde ligging is.

Lintharmonisatie Alternatieve term voor blokakkoorden. De term verwijst naar het notenbeeld: omdat de partijen gelijk op bewegen, zien ze er in de partituur samen uit als een lint.

Lopende bas Bastechniek uit de jazz. Je speelt daarbij alsmaar doorlopende kwarten en je wisselt sprongen af met stijgende en dalende secundeloopjes:

Lyrics Engelse term voor de tekst van een nummer.

Majeur-septiem Toevoeging die een halve noot onder het octaaf ligt. Je noteert hem met maj7 of △:

Medium Engelse aanduiding voor een gemiddeld tempo.

Mengen Naar elkaar 'kleuren' van stemmen, zodat ze meer gaan klinken als één geheel.

Met opvatting Nederlandse alternatieve term voor swing feel.

Moduleren Veranderen van toonsoort binnen een nummer.

Mol-tien Toevoeging van een kleine terts in een majeurakkoord. In het Engels bestaat deze term niet en gebruikt men in plaats daarvan #9:

Nauwe ligging Akkoord waarbij de bovenstemmen (alle stemmen afgezien van de bas) zo dicht mogelijk bij elkaar liggen. Het tegenovergestelde is een wijde ligging.

Octaafparallel Als twee stemmen die een octaaf van elkaar liggen dezelfde beweging maken:

Omkering Term uit de klassieke muziek voor een akkoord dat niet de grondtoon onderin heeft, maar een andere:

Ongelijke achtsten Nederlands voor uneven eighths.

Overbinding Boog die aangeeft dat een noot doorklinkt naar de volgende:

Partituur Bladmuziek met het totaal van alle partijen van een muziekstuk.

Pre-chorus Gedeelte in een popnummer tussen het couplet en het refrein.

Real book Bundel met jazz standards.

Rechte achtsten Nederlands voor straight eighths.

Rehearsal marks Vetgedrukte letters die in een partituur aangeven waar een nieuw gedeelte begint.

Ritmesectie Jazzcombo, vaak bestaande uit piano, bas en drums.

Rhythm section Engels voor ritmesectie.

Scat Vocale jazzimprovisatie op klanken.

Schema Afkorting voor akkoordenschema.

Scoop Een noot 'van onderen nemen'. Je kunt dit effect aangeven met een schuin streepje:

Sharp nine Engels voor kruis-negen.

Shuffle Alternatieve aanduiding voor swing feel.

Slash-akkoord Akkoord waarbij in de bas een andere noot klinkt dan de grondtoon. Achter de schuine streep staat de basnoot:

Stemkruising Als twee stemmen zo bewegen dat de stem die normaliter boven ligt onder komt te liggen:

Straight Afkorting voor straight eighths.

Straight eighths Aanduiding voor het einde van swing feel.

Swing ❶ Stijlperiode van de oude jazz. ❷ Afkorting voor swing feel.

Swing eighths Alternatieve aanduiding voor swing feel.

Swing feel Manier van uitvoeren waarbij je in elke tel de eerste achtste (ongeveer) twee keer zo lang maakt als de tweede:

Suspended Engels voor uitgesteld.

Sus4 Akkoord waarin de terts vervangen is door de toon die een kwart boven de grondtoon ligt:

Syncope Noot die vlak voor de tel begint:

Systeem Regel muziek, bestaande uit één of meerdere balken.

Tegenbeweging Als twee stemmen een andere kant op bewegen:

Tertsstapeling Drie of meer tonen die telkens een terts boven elkaar liggen.

Toevoeging Noot waarmee je een akkoord kunt uitbreiden, zoals een septiem, een none of een sext.

Transponeren Hoger of lager zetten van een nummer, waarmee tevens de toonsoort verandert.

Trappen Akkoorden op de verschillende tonen van de toonladder, aangeduid met Romeinse cijfers. Het akkoord op de eerste toon is TRAP I, op de tweede TRAP II, enzovoort:

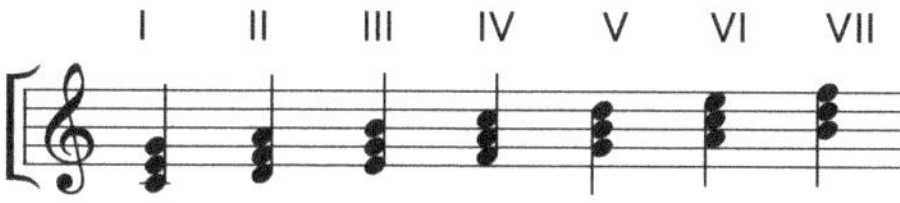

Triplet Engels voor triool.

Triplet eighths Alternatieve aanduiding voor swing feel.

Triplet feel Alternatieve aanduiding voor swing feel.

Tweegestreept Het octaaf boven het eengestreept octaaf, aangeduid met *do"–si"* of *do²–si²*:

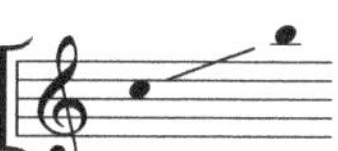

Uneven eighths Alternatieve aanduiding voor swing feel.

Unisono Eenstemmig.

Up tempo Engelse aanduiding voor een hoog tempo.

Vaste voortekens De kruisen en mollen die vooraan de notenbalk staan en de toonsoort aangeven.

Verhoging Noot die een kleine secunde omhoog gaat, bijvoorbeeld omdat er een kruis voor staat. Een verhoging kan betrekking hebben op een toon uit een toonladder of uit een akkoord.

Verlaging Noot die een kleine secunde omlaag gaat, bijvoorbeeld omdat er een mol voor staat.

Verminderd septiemakkoord Klassieke benaming voor een dim-akkoord.

Verse ❶ Engels voor couplet. ❷ In een jazz standard is dit de inleiding voor het chorus.

Vocal group Klein vocaal ensemble, meestal bestaande uit vier tot acht zangers.

Vocal percussion Imiteren van drums of percussie met je stem. In de hiphop heet dit human beatbox.

Walking bass Engels voor lopende bas.

Wijde ligging Akkoord waarvan de bovenstemmen (alle stemmen afgezien van de bas) ver uit elkaar liggen. Het tegenovergestelde is een nauwe ligging.

Wisselbas Basfiguur waarbij je van elk akkoord afwisselend de grondtoon en de kwint speelt:

Woordverlenging Streep die aangeeft dat een lettergreep bij meerdere noten hoort:

Word extensions Engels voor woordverlenging.

 # Dankwoord en verantwoording

Dank aan de geweldige arrangeurs Bob Zimmerman, Phil Mattson en Michele Weir, bij wie ik arrangeerlessen heb gevolgd.

In de afgelopen jaren heb ik het voorrecht gehad om te werken met groepen als Be Sharp!, Divina, Leeuwenhart en Vocalicious. Zij hebben altijd geduldig de noten gezongen die ik schreef en er iets prachtigs van gemaakt. Voor een arrangeur is het heerlijk om te kunnen werken met zulke fantastische zangers!

Mijn dank gaat verder uit naar de volgende personen: Kirby Shaw, voor zijn inspiratie en know-how; Jetse Bremer, voor de vele boeiende discussies in het verleden; Fenneke Bouwman, voor het meelezen; Hans Kaldeway, voor zijn expertise en zijn uitgebreide correcties; Dorien de Landtsheer, voor het brainstormen en de correcties; Bas 't Hart, voor de suggesties; Peter Gielissen, voor het redigeren en zijn stimulans om het schrijven naar een hoger plan te tillen; Janneke, die het avontuur aandurfde te gaan van het produceren van een boek.

De rechten op de stukken van Ira & George Gershwin, waarvan in dit boek fragmenten staan, liggen bij Chappell & Company, 129 Park Street, London w1, en van de nummers van Lennon & McCartney bij Sony/ATV songs LLC, 8 Music Square West, Nashville, TN 37203.